"写作能力指向"系列教材

本书是浙江省哲学社会科学规划课题"小学生作文语料库及书面语言能力发展调查研

浙江省高等教育"十三五"教学改革项目"同课异构，协同发展——汉语言文学师范教育与语文名师工作坊合作模式

的探索与实践"（jg20190436）、浙江省一流课程"语言学和语文教育"的阶段性成果。

PRAGMATICS AND
LANGUAGE CONSTRUCTION

语用学与语言建构

李秀明　著

ZHEJIANG UNIVERSITY PRESS
浙江大学出版社

图书在版编目（CIP）数据

语用学与语言建构/李秀明著. —杭州：浙江大学出版社，2020.7
ISBN 978-7-308-20285-5

Ⅰ.①语… Ⅱ.①李… Ⅲ.①语用学—研究 Ⅳ.①H030

中国版本图书馆CIP数据核字（2020）第102421号

语用学与语言建构

李秀明　著

责任编辑　　曾　熙
责任校对　　梁　容
装帧设计　　春天书装
出版发行　　浙江大学出版社
　　　　　　（杭州市天目山路148号　　邮政编码　310007）
　　　　　　（网址：http：//www.zjupress.com）
排　　版　　杭州林智广告有限公司
印　　刷　　杭州钱江彩色印务有限公司
开　　本　　787mm×1092mm　1/16
印　　张　　10.25
字　　数　　213千
版 印 次　　2020年7月第1版　2020年7月第1次印刷
书　　号　　ISBN 978-7-308-20285-5
定　　价　　35.00元

目录

第一章　绪　论 / 1

　　第一节　本书的目的：从语感到语理，提升语言建构与运用能力 / 1
　　第二节　语用学与语文教学 / 8
　　第三节　本书的章节安排 / 10
　　参考文献 / 10

第二章　什么是语用学？ / 12

　　第一节　语用学的发展及其定义 / 12
　　第二节　语形学、语义学、语用学的关系 / 19
　　第三节　语用学研究的两个不同方向 / 28
　　参考文献 / 39

第三章　言语行为和构成性规则 / 40

　　第一节　言语行为理论 / 40
　　第二节　意向性理论 / 46
　　第三节　言语行为的类型 / 51
　　第四节　言语行为的构成性规则 / 58

参考文献 / 71

第四章　话语意义和创意表达 / 72

第一节　指称与指示 / 74
第二节　预设 / 83
第三节　合作原则 / 85
参考文献 / 97

第五章　篇章结构和话题链 / 99

第一节　什么是篇章？ / 99
第二节　篇章与话题 / 103
第三节　话题链类型 / 109
参考文献 / 122

第六章　篇章是言语行为组合 / 123

第一节　篇章的三大功能 / 125
第二节　篇章是言语行为的组合序列 / 130
第三节　叙事篇章中的记述和描写 / 134
参考文献 / 147

第七章　语文教学与语言建构 / 148

第一节　什么是语文教学的"学科语言"？ / 148
第二节　从语感到语理：摆脱"之乎者也" / 151
第三节　语文教学：从赏析到批判 / 156
参考文献 / 158

后记 / 159

第一章

绪　论

　　语言代代相传，具有更高的稳定性——与解牛的传统方式相比、与政治建制相比，语言是各种传统中最稳定的传统，最不可能剧烈地改变。不妨说，别的精神客体有点儿像这个公司那个公司发的代用券，语言则是一种通用货币。而在我们的所有工具中，语言最系统、最稳定地体现着我们的理解，凝结着最通用、最根本的道理。①

第一节　本书的目的：从语感到语理，提升语言建构与运用能力

　　语言建构与运用，是《普通高中语文课程教学标准》（2017年版）（以下简称《课程标准》）提出的四个语文学科核心素养中最重要的一个，该标准是这样说的：

　　学科核心素养是学科育人价值的集中体现，是学生通过学科学习而逐步形成的正确价值观念、必备品格和关键能力。语文学科核心素养是学生在积极的语言实践活动中积累和构建起来，并在真实的语言运用情境中表现出来的语言能力及其品质；是学生在语文学习中获得的语言知识与语言能力，思维方法与思维品质，情感、态度与价值观的综合体现。主要包括"语言建构与运用""思维发展与提升""审美鉴赏与创造""文化传承与理解"四个方面。

　　四个语文学科核心素养中，语言的建构与运用是基础，正如《课程标准》中所言：

　　语文学科核心素养的四个方面是一个整体。语言是重要的交际工具，也是重要的思维工具；语言的发展与思维的发展相互依存，相辅相成。语言文字是文化的载体，又是文化的重要组成部分；学习语言文字的过程也是文化获得的过程。语言文字作品是人类重要的审美对象，语文学习也是学生审美能力和审美品质发展的重要途径。语言建构与运用是语文学科核心素养的基础，在语文课程中，学生的思维发展与提升、审美鉴赏与创造、文化传承与理解，都是以语言的建构与运用为基础，并在学生个体言语经验发展过程中得以实现的。

　　语言建构与运用这么重要，那么语文老师应该怎么理解这个核心素养，更重要的是应该怎么提高自己的语言建构与运用能力，如何在语文教学中开展语言建构

---

① 陈嘉映.说理［M］.北京：华夏出版社，2011：56.

呢？这就是本书思考的核心问题。本节准备以写景散文《春》的教学设计为例，尝试从具体篇章个案分析走向篇章类型语言运用规律的梳理，思考在语文教学中如何进行语言建构，促进语文教学从重视外显目标达成向重视内隐思维发展的转变，引领学生从语感表达走向语理梳理，帮助学生提升语言建构与运用的能力。

（一）什么是语言建构？

语言建构和知识传递不同：建构注重过程，传递注重结果；建构注重对学生思维发展的过程引领，传递注重知识目标的具体达成。《普通高中语文课程标准（2017年版）解读》认为：

在教学实施中，专题教学更为关注学生知识建构的质量。这一价值取向的转变包含两个层面的意义。一是从知识传递到知识建构的转变。其意义在于促使课堂由教师的教转向学生的学，从重视预设转向重视生成……二是从重视效率到重视质量的转变。其意义在于促使课堂由重视外显目标的达成转向重视内隐思维的发展，从而有助于更好地满足高中生思维发展的需求。①

建构，是瑞士著名教育学家让·皮亚杰（Jean Piaget，以下简称皮亚杰）在其《发生认识论原理》中提出的重要概念。皮亚杰认为人的认知结构不是主体内部先验存在的，也不是预先存在于客体特性之中的，而是随着认识的产生而形成、随着认识的发展而丰富的。新结构、新知识在不断的建构过程中诞生。在建构中，简单结构过渡到复杂结构，个别认识扩展为知识体系；在建构过程的演进中，人类的认知结构和知识水平不断提高。建构主义教学观对传统的教师角色提出了严峻的挑战，教师不应该把自己视为"掌握知识和仲裁知识正确性的唯一权威"，甚至也不是知识的传授者和灌输者，而是学生认知过程和意义建构的帮助者和促进者。教师的作用是激发学生的学习兴趣，形成学习动机，通过创设情境，沟通新旧知识，引导学习过程，使教学过程朝着有利于学生思维发展和意义建构的方向发展。

建构论，意味着学习不再是重复已有的知识表达，不是被动掌握已经被言说清楚了的知识，而是不断地去建构新的认识，提出新的假说，推动个体的进步和知识系统的发展。

《课程标准》对"语言建构与运用"核心素养的说明如下：

语言建构与运用是指学生在丰富的语言实践中，通过主动的积累、梳理和整合，逐步掌握祖国语言文字特点及其运用规律，形成个体言语经验，发展在具体语言情境中正确有效地运用祖国语言文字进行交流沟通的能力。②

也就是说，语文建构与运用这一核心素养的提出，非常强调学生的主体性，强调学习者对知识的主动探索、对规律的积极探究。教师的作用不再是讲授事实，灌

---

① 王宁，巢宗祺.普通高中语文课程标准（2017年版）解读［M］.北京：高等教育出版社，2018：51.

② 王宁，巢宗祺.普通高中语文课程标准（2017年版）解读［M］.北京：高等教育出版社，2018：4.

输知识，而是师生协作，一起建造和构筑语言文字知识的意义，逐步归纳汉语的特点，发现语言的运用规律。

有些老师认为语文教学主要是培养学生的语感，不太注意归纳、梳理、总结汉语特点和运用规律。根据新的《课程标准》，语言建构和运用能力，既需要培养学生的语感，也需要培养学生的语理，而作为一个语文教师，则需要有更强的归纳、梳理和整合能力，要不断研究语文学习规律，了解语言、文学研究的前沿成果，更新专业知识，在语文课程实践和研究中提升自己的专业素养。

（二）在抒情散文《春》的教学中，可以如何开展语言建构？

接下来我们试着以朱自清的《春》为例，对语文教学如何开展语言建构做一次尝试。

教语文，不是教课本中的文章，而是通过学习教材来提高语言建构与运用能力。学习朱自清的《春》，并不是要学生记住这篇课文中的春花图、春雨图、春风图等，也不是让学生去机械背诵课本中的文章内容，而是把教材当作语言材料，在教学中开展言语活动，目的是形成良好的语感，尽可能地发现和提炼语言文字运用的基本规律。发现规律，一方面是为了进一步提高语感的品质，另一方面是对学生进行思维训练，尤其是独创性、批判性的思维训练。再读一遍《春》[人教版《语文》（七年级上册）]，请未来的语文老师思考文中有哪些值得我们关注的语言点，可以从哪些方面来进行语言建构与运用？

春

盼望着，盼望着，东风来了，春天的脚步近了。

一切都像刚睡醒的样子，欣欣然张开了眼。山朗润起来了，水涨起来了，太阳的脸红起来了。

小草偷偷地从土里钻出来，嫩嫩的，绿绿的。园子里，田野里，瞧去，一大片一大片满是的。坐着，躺着，打两个滚，踢几脚球，赛几趟跑，捉几回迷藏。风轻悄悄的，草软绵绵的。

桃树、杏树、梨树，你不让我，我不让你，都开满了花赶趟儿。红的像火，粉的像霞，白的像雪。花里带着甜味儿；闭了眼，树上仿佛已经满是桃儿、杏儿、梨儿。花下成千成百的蜜蜂嗡嗡地闹着，大小的蝴蝶飞来飞去。野花遍地是：杂样儿，有名字的，没名字的，散在草丛里，像眼睛，像星星，还眨呀眨的。

"吹面不寒杨柳风"，不错的，像母亲的手抚摸着你。风里带来些新翻的泥土的气息，混着青草味儿，还有各种花的香，都在微微润湿的空气里酝酿。鸟儿将窠巢安在繁花嫩叶当中，高兴起来了，呼朋引伴地卖弄清脆的喉咙，唱出宛转的曲子，与轻风流水应和着。牛背上牧童的短笛，这时候也成天在嘹亮地响着。

雨是最寻常的，一下就是三两天。可别恼，看，像牛毛，像花针，像细丝，密密地斜织着，人家屋顶上全笼着一层薄烟。树叶子却绿得发亮，小草也青得逼你的眼。傍晚时候，上灯了，一点点黄晕的光，烘托出一片安静而和平的夜。乡下去，小路上，石桥边，有撑起伞慢慢走着的人；还有地里工作的农夫，披着蓑，戴着笠的。他们的草屋，稀稀疏疏的，在雨里静默着。

天上风筝渐渐多了，地上孩子也多了。城里乡下，家家户户，老老小小，他们也赶趟儿似的，一个个都出来了。舒活舒活筋骨，抖擞抖擞精神，各做各的一份事去。"一年之计在于春"，刚起头儿，有的是工夫，有的是希望。

春天像刚落地的娃娃，从头到脚都是新的，他生长着。

春天像小姑娘，花枝招展的，笑着，走着。

春天像健壮的青年，有铁一般的胳膊和腰脚，他领着我们上前去。

读完《春》，我们的语感是：这是一篇写景抒情散文，很有童趣，也很有诗意，很适合七年级的学生阅读。文章的观察视角按照从低到高的顺序：地上的草—草地上玩耍的人—树上的花—林间的风—天空中的雨—风筝。全文并没有给人的活动行为很多笔墨，而是表现出一种众生平等的姿态，万物自主登场表演，万物都有灵性，都有了和人类平等的生命特征，甚至高于人类，人类谦卑地接受万物的引领。

作为一名语文教师，不能停留在分析《春》这篇文章的描写顺序，感受文章的灵性童趣上，我们还必须思考：景物描写作为一种重要的言语活动实践，就提高语言建构能力而言，我们能从中归纳出写景散文的哪些特征，应该如何帮助学生认识抒情散文这种文体？就提高语言运用能力来说，学习这篇课文，对提升写景抒情散文的写作能力有何帮助？

【思考一】这篇文章的第一句"盼望着，盼望着"，是谁在盼望？当然是作者，那为什么不直接写"我盼望着春天的到来"？文章中句首的主语都有哪些？

这篇写景散文中绝大部分的句子是以"东风""小草"等事物作为句首主语，如"东风""春天的脚步""山""水""太阳""小草""风""桃树""杏树""梨树""蜜蜂""蝴蝶""野花""鸟儿""雨""屋顶""树叶子""小草""地""草屋""风筝""春天"……全文没有出现一个真正指称作者的"我"字，其中有"桃树、杏树、梨树，你不让我，我不让你"，这个"我"只是一个虚指，并不是指作者。在这一点上，和七年级学生平时的写作有什么区别？全文没有一个作者的自称，也很少出现人作为主语的句子，这是不是写景散文的一个特点呢？

我们可以提出第一个假设：写景散文，作者（看风景的人）要隐身，让景物出场表演，句子的主语不是观察者，而是被观察的事物。

中学生已经学过不少写景散文，可以再找一些来检验这个假设。但是对自己提出的假设要有证伪意识，也就是说，我们根据阅读经验提出假设，接下来不要只找符合的例子来强化我们的假设，而是要找反例来反驳我们的假设。比如我们注意到，《春》里还是有几个写人的行动的句子：

［例1-1］坐着，躺着，打两个滚，踢几脚球，赛几趟跑，捉几回迷藏。（缺少主语）

［例1-2］闭了眼，树上仿佛已经满是桃儿、杏儿、梨儿。（缺少主语）

［例1-3］乡下去，小路上，石桥边，有撑起伞慢慢走着的人；还有地里工作的农夫，披着蓑，戴着笠的。（人也不是作为主语出现在句首）

但这些写人的句子，也不用人来做主语。难道真的没有人来充当句子的主语吗？不对，我们发现了一个反例：

［例1-4］天上风筝渐渐多了，地上孩子也多了。城里乡下，家家户户，老老小小，也赶趟儿似的，一个个都出来了。舒活舒活筋骨，抖擞抖擞精神，各做各的一份事去。"一年之计在于春"，刚起头儿，有的是工夫，有的是希望。

请问文中"地上的孩子""老老小小""一个个"是句子主语，但这些人是看风景的人，还是风景中的人？

要归纳写景散文语言运用的特点，不能只观察写景散文。与写景散文对应的，是叙事散文，我们不妨再找一篇叙事散文来对比，看看叙事散文是不是也符合这个假设。请看杨绛先生的《老王》的开头：

［例1-5］我常坐老王的三轮。他蹬，我坐，一路上我们说着闲话。①

杨绛的《老王》第一段也是一个很短的段落，但是人称指示语有："我""老王""他""我""我们"等。看出差异来了吗？

这大约是叙事散文的特点，到处都是人，都是行动着的人，行动者越多，叙事就越复杂，而能掌握复杂的叙事手法，是叙事水平的一种体现。这是关于记叙文的一种假设，有兴趣的读者可以进一步证明或证伪。

【思考二】写景散文，除了看句首成分的性质以外，我们还可以观察动词。这篇充满诗意的散文在动词的运用上有什么特点呢？

观察动词，缩句训练是个有效的办法，可以让我们去掉句子中的枝枝叶叶，只剩下主干，便于观察。缩句也是语文教学中常见的方法。

［例1-6］鸟儿将窠巢安在繁花嫩叶当中，高兴起来了，呼朋引伴地卖弄清脆的喉咙，唱出宛转的曲子，与轻风流水应和着。

这个句子应该怎么缩句？可试着缩写为：

［例1-7］鸟儿呼朋引伴卖弄喉咙、唱曲子。

"呼朋引伴，卖弄喉咙、唱曲子"，这都是人干的事啊，怎么全安排给鸟儿了？

［例1-8］他们的房屋，稀稀疏疏的，在雨里静默着。

这句话可以缩写为：

［例1-9］房屋，静默着。

静默是人在思索时的样子，我们在语感上就会觉得有点怪。语感上觉得有点怪的，都是一些不常见的词语搭配。能察觉出句子组合的怪异，是语感的重要表现，这反映出读者语言方面的敏感。

写景散文要求有像诗歌一样的创造性表达，写出超出常规组合的句子来。超出常

---

① 杨绛.杨绛散文［M］.杭州：浙江文艺出版社，1994：147.

规，就是摆脱语言的自动机械化组合，例如，"鸟儿鸣叫"是自动组合，"鸟儿歌唱"稍微有点创新了，再拟人化一点，就成了"鸟儿呼朋引伴地卖弄清脆的喉咙，与轻风流水应和着"。

大家都知道"刻板印象"，即人们对某类事物产生的比较固定、概括而笼统的看法。其实语言组合也有刻板组合，我们习惯用最常规、最常见的组合模型来完成句子，完成日常表达，但是诗意表达必须抗拒日常表达的刻板组合：让雨中的房屋像个哲学家一样，"在雨里静默着"，它在思考什么呢？让鸟儿们呼朋引伴、卖弄歌喉，与轻风流水应和，不只描写鸟儿们在动，而要让鸟儿们去完成行为——"动"只是一种物理上的移动，而"行动"是具有心理意图的。

我们是不是可以得出假设二：写景散文，经常使用拟人的修辞手法，表现形式是事物名词和人的行为动词的组合，这样可以使让事物行动起来，而不仅仅只让物体动起来。

得出了假设，我们可以进一步找寻其他例子，看看其他写景名篇是不是也有这样的特点，但更要注意去搜集不符合这条假设的例子。因为建构主义者的教育目标是促进学生心智的全面发展，使之成为具有"批判性的洞察力与创造能力"的思考者和探索者，以适应社会需求。

【思考三】仔细阅读文本，找出文章中"像""仿佛"等词语并观察作者是如何运用它们的，思考写景散文是不是只写我们所能观察到的真实世界中的物象？有哪些物象是通过视觉、听觉、嗅觉、味觉、触觉感知到的？哪些是出现在作者的想象中的？

在《春》中，有很多句子中出现了"像""仿佛"等词语，这类句子是非写实的语句，如：

［例1-10］红的像火，粉的像霞，白的像雪。

［例1-11］……像母亲的手抚摸着你。

［例1-12］可别恼，看，像牛毛，像花针，像细丝，密密地斜织着……

［例1-13］春天像刚落地的娃娃，从头到脚都是新的，他生长着。

春天像小姑娘，花枝招展的，笑着，走着。

春天像健壮的青年，有铁一般的胳膊和腰脚，他领着我们上前去。

在文章中，比喻都是非写实的，喻体不存在于文本所指世界的现场，"火""霞""雪""牛毛""花针""细丝""刚落地的娃娃"等都是不在现场的物象。还有一句非写实的句子值得深究：

［例1-14］闭了眼，树上仿佛已经满是桃儿、杏儿、梨儿。

在《春》一文所指世界中，桃树、杏树、梨树才开花呢，但闭上眼却能看见满树的水果，作者视线穿过春夏，直达秋天果实成熟的季节。这些存在于作者想象中的物象有什么作用呢？作者是用这些物象抒发自己的情感，引领读者想象。

刘勰在《文心雕龙·神思》中说：

文之思也，其神远矣。故寂然凝虑，思接千载；悄焉动容，视通万里；吟咏之间，吐纳珠玉之声；眉睫之前，卷舒风云之色！其思理之致乎！故思理为妙，神与物游……此盖驭文之首术，谋篇之大端。[①]

由此我们可以得出假设三：写景散文一般都是抒情散文，不抒情，就不需要描写，抒情的时候，就不能把表达只局限在景物的现场中，必须能思接千载、视通万里。

写景散文采取虚实结合的写作手法，非写实或者想象可以用"像""像……的样子""像……一样""仿佛"等词语来完成。在写景作文训练中可以用这些词语形式来造句，让学生也"思接千载、视通万里"一番，这样我们就可以利用教材中的语言材料，训练学生的言语实践，帮助学生掌握一些语言文字运用的规律。

在《春》这一篇课文的阅读教学中，结合已有的阅读经验，我们提出了三个假设，这三个假设是针对写景散文这种文体类型提出的，而不是只对《春》这篇课文提出的。这个过程要求语文教学从个例感知提升到类型认知，通过积累和梳理，进行语言建构，提升语言运用能力。个例感知是语感，类型认知是语理；语感是针对具体文章的，语理是针对篇章类型的。比如，语感让我们感受到《春》这篇文章充满童趣、灵性和诗意，比喻和拟人生动形象，语文老师最常说的"拟人生动形象""排比增强气势"都只是语感，而不是语理。语感是个人感受，你觉得这朵花很美，我觉得这朵花很丑，很难达成共识；而语理是可以被证伪的，也是可以类推的，具有可操作性。

（三）从语感到语理的操作路径

上文以最常见的散文教学为例来解释语言建构的过程。根据建构主义的基本理论，这类散文的结构也不是预先存在于那些名篇之中的，对写景抒情散文的认识，是随着我们的阅读经验和写作实践不断建构出来，是个不断积累、梳理、归纳、证伪、深入的过程。《课程标准》在"课程目标"中把四个核心素养分解为十二个目标，前三个目标是针对"语言建构与运用"来设定的：

1.语言积累与建构。积累较为丰富的语言材料和言语活动经验，形成良好的语感，在已经积累的语言材料间建立起有机的联系，在探究中理解、掌握祖国语言文字运用的基本规律。

2.语言表达与交流。能凭借语感和对语言运用规律的把握，根据具体的语言情境和不同的对象，运用口头和书面语言文明得体地进行表达与交流，能将具体的语言文字作品置于特定的交际情境和历史文化情境中理解、分析和评价。

3.语言梳理与整合。通过梳理和整合，将积累的语言材料和学习的语文知识结构化，将言语活动经验逐渐转化为具体的学习方法和策略，并能在语言实践中自觉

[①] 刘勰.文心雕龙译注［M］.王运熙，周锋，撰.上海：上海古籍出版社，1998：245.

地运用。①

语言建构不同于语言知识传递，因为建构注重过程，而非传递现成知识。语文课堂是语言建构的过程，经过对多篇散文的教学实践，我们可以把关于语言建构与运用的课程目标看成一个过程，这个过程大致可以描写为：

观察语言材料、积累言语活动经验—形成良好的语感—提出一个具有语言建构价值的认知假设—利用归纳法和证伪法检验假设—通过梳理和整合将语文知识结构化—转化为语言规律和运用原则—在语言实践中自觉地运用。

要注意，我们初步整理出来的语言建构过程只是一个有待检验的猜想，这个建构过程注重的是对学生内隐思维能力的培养，促使学生不再停留在对《春》这篇散文的具体感受上，而是帮助学生培养概括规律的能力，从语感走向语理。

王宁在《谈谈语言建构与运用》一文中认为：

对以汉语为母语的人来说，语言建构的初步能力首先是凭借语感，然后逐步走向理性……要想改变语感的品质，必须有一定的语理来调整。语理是语言现象的理性认识，把语言现象提升到规律，就产生语理……由语感到语理，在语文教学里应当是学生自己的概括，而不是教师的硬性灌输。从语言现象中概括规律，同时也是思维的训练。有了语理，语感的形成便更加自觉。②

语文教学，感受当然很重要，因为我们要充分考虑中学生的认知能力，教学中要善于创设具体情境，用较为感性的语言来教学。作为一个语文教师，必须不断提升自己的专业素养，具备更高层面的概括假设能力和语言解释能力。至少，一个语文老师要在教学中努力去梳理和总结各种篇章类型的特点，发现语言运用的规律，因为语文学科的核心素养是语言建构与运用，要求师生一起探究，从语感走向语理。

语文教学如何从语感走向语理，如何有效提升语言建构与运用的能力，这就是本书想要解决的主要问题。语用学是一门以追求语理为目的的语言学分支学科，如果能将语用学理论与语文建构和运用结合起来，相信这能带给语文教师一些新思路。

❓ 思考

请细读杨绛先生的《老王》，思考记叙性散文的基本特征，看看我们可以提出哪些关于记叙性散文的基本假设？

第二节　语用学与语文教学

2012年11月，在福建泉州聚龙外国语学校举办的全国14省（区、市）32校小学语文联合教学研讨观摩活动上，主办方向全国语文教育界同仁提出了《聚龙宣言》，后发表在《语文学习》2013年第1期上。《聚龙宣言》提出：让我们本本色色教语文，

---

① 王宁，巢宗祺.普通高中语文课程标准（2017年版）解读［M］.北京：高等教育出版社，2018：5-6.
② 王宁.谈谈语言建构与运用［J］.语文学习，2018（1）：9-12.

认认真真教语文，使语文回归本真状态。要紧扣字、词、句、段、篇教语文，致力于培养学生的语言文字应用能力，把提高学生的语文素养作为语文教学的首要任务，在听说读写活动中培养学生自然、健康的表达习惯，自信、创新的心理品质，自由、独立的人格特征。

《聚龙宣言》发布之后，真语文大讨论持续了两年多，引起了社会的广泛关注，各大媒体、大学中文专业老师、中小学语文老师、教研员、教育管理者从不同角度发言撰文参与讨论。《语文学习》2015年第4期刊发了荣维东、李海林、曹明海、李冲锋等四位作者的一组专栏文章，他们认为：真语文的理论根基是语用学，语文要回归语言本体；只有立足语用学，语文教育才有可能找到真实语言能力的本原，才能找到真实语文教育的本质；要借助语用学理念阐述语文教育价值取向，引入语用学知识建构语文课程内容体系。

其实早在1993年，王建华先生就出版了《语用学在语文教学中的运用》一书，作为继续教育教材在浙江省中学语文教师继续教育班上多次使用，该书的修订版《语用学与语文教育》于2000年出版，把语用学理论引入语文教学之中，从语用各因素的广泛联系中讨论语言的结构、意义和功能，对语言文字的成品——话语进行动态的、多侧面的分析。该书把话语的意义和内容作为语用研究的核心，试图解决阅读理解的基本理论问题，并讨论了语用学和语文教学结合的有关教学观念和教学方法问题。

而最新的语文课程教学标准，在义务教育阶段致力于培养学生的语言文字应用能力，而到了高中阶段，则提出"语言建构与运用"这一学科的核心素养。而只针对阅读理解层面来讨论语用学和语文教学的关系，似乎已经不能满足当前语文教学的实际需求了。经过这么多年的讨论和呼吁，现在，很多语文教育研究者提出以语用学为根基来拓展语文教学，那么，语用学应该如何结合学科发展，为语文教学提供更多帮助呢？

上海市语文教育教学研究基地徐默凡先生在《语用学视野下的语文教学改造》中提出：语用学作为一个独立学科出现的时间还十分短暂，它的创始过程深受语言哲学的影响，具体发展过程中又产生了英美和欧陆两大研究流派，研究内容驳杂，研究方法多样，因此其学科基础还未定型。倘若一定要找一个目前阶段尚可概括的语言观，那么"语言是一种言语行为"较为合适。

徐默凡认为语用学中最有可能为语文教学内容提供直接借鉴的三大板块，是言语行为、语用意义、语篇结构。的确，这三大板块也正是语用学的核心内容，不论是语言文字应用，还是语言建构与运用，都和这三大板块密切相关，本书将从这三个方面入手，尽可能把语用学知识贯通到语言建构与运用这一核心素养中去，尽自己所能引导汉语言文学师范专业的同学提升语用学素养，通过教材文本解读、教学案例展示等方式，运用语用学理论去开发语文教学的内容。

语文教学注重语言建构与运用，旨在通过语文教学提升学生的语言文字运用能力，教师重在帮助和引导学生从培养语感到训练语理。希望通过语文教学的训练和提升，学生在进行语言建构和运用时，不但能够有语言形式上的表达，也有意义和交际意图的解释。如果语文教师能对现代语言学的三个主要分支——语形学、语义学、语用学有一个较为全面的理解，将有助于提升语文教学能力，因为一篇好文章，一定会在语形、语义、语用三个交互平面都表现出各自的特征。

第三节　本书的章节安排

第一章是绪论，介绍本书的教学目的、研究方法。

第二章是语用学理论的基本框架，介绍当代语言学理论体系中的语形学、语义学、语用学，并以语文名篇为例探索从语形、语义、语用三个层面进行教学设计的思路。

第三章是言语行为理论，除了介绍言语行为理论的基本知识外，主要分析汉语中实现各种言语行为的语言形式手段，一篇文章是由若干个言语行为组成的序列，叙事、描写、说理、抒情、说明等文体其实都是根据文章的主要言语行为来分类的，每一种言语行为又都受各自的构成性规则所制约，了解了构成性规则，对各类篇章的阅读和写作都有一定的理论指导价值。

第四章分析语用原则和会话含义，学习创意表达。理解篇章含义是语文教学中的重要任务，在教学和考试中，师生们不断在解读各种类型的词语、句子、段落的含义，含义解读与语用原则、预设、言语行为都有密切关系。

第五章讨论篇章结构和话题链，介绍了一些最基本的话题链类型，注重训练学习者的话题推进能力，一篇文章其实就是一个话题推进的过程。

第六章提出篇章是各种言语行为的组合的观点，介绍了篇章的三大基本功能，以言语行为作为实现篇章功能的最小单位，并以叙事篇章为例进行结构分析。

第七章是全文的总括，以具体的教学实例来呈现从语感到语理的语言建构过程，提出语文教学从赏析到批判的可能性。

本书的语用学分析，目的不是通过话语批评来改善社会关系，也不是为语用法的语法化进行解释说明，而是为了提高学习者的语篇理解能力和语篇写作能力。本书的语用意图也是一种行动取向，即希望阅读者能以语形、语义、语用为基本框架，进行阅读理解和写作训练。

参考文献

陈嘉映. 说理［M］. 北京：华夏出版社，2011.

李海林. 语用学之于语文教育［J］. 语文学习，2015（4）：11-16.

刘勰. 文心雕龙译注［M］. 王运熙，周锋，撰. 上海：上海古籍出版社，1998.

让·皮亚杰. 发生认识论原理［M］. 王宪钿，等译. 北京：商务印书馆，2017.

荣维东. 真语文大讨论及其语用学转向［J］. 语文学习，2015（4）：3-10.

王建华. 语用学与语文教育［M］. 杭州：浙江大学出版社，2012.

王宁，巢宗祺. 普通高中语文课程标准（2017年版）解读［M］. 北京：高等教育出版社，2018.

王宁. 汉语语言学与语文教学［J］. 中国社会科学，2000（3）：169-178.

王宁. 谈谈语言建构与运用［J］. 语文学习，2018（1）：9-12.

徐默凡. 语用学视野下的语文教学改造［J］. 语文建设，2015（19）：9-13.

杨绛. 杨绛散文［M］. 杭州：浙江文艺出版社，1994：147.

《语文建设》杂志社. 聚龙宣言［J］. 语文学习，2013（1）：1.

中华人民共和国教育部. 普通高中语文课程标准［S］. 北京：人民教育出版社，2018.

第二章

什么是语用学？

依靠把人定义为符号的动物，我们也就达到了进一步研究的第一个出发点。但是现在必须稍稍发挥一下这个定义，以便给予它以更大的精确性。符号化的思维和符号化的行为是人类生活中最富于代表性的特征，并且人类文化的全部发展都依赖于这些条件，这一点是无可争辩的。①

第一节　语用学的发展及其定义

一、语用学的发展

语用学（pragmatics）这个词是查尔斯·威廉·莫里斯（Charles William Morris，以下简称莫里斯）在1931年发明的，词根pragma在古希腊语中是"行动"的意思，美国实用主义哲学家查尔斯·桑德斯·皮尔士（Charles Sanders Peirce，以下简称皮尔士）用这个希腊词语创造了"pragmatism"一词，意在强调这样一个事实，即词是从某种行为里得到意义的。只有当我们能把我们的观念翻译成某种操作行为时，这些观念才是清楚明白的。皮尔士认为我们得出意义，不是通过直觉，而是依靠经验或实验。也就是说，一个词的意义不是来自纯粹的直觉，而是来自我们的经验和行为。

其实，我们每个人的意义，也不是预先就存在的，而是通过我们各自的主动行为创造出来的。我们不是因为拥有各种名词性属性的身份称谓而变得有意义，而是因为每天的具体行为使得这种身份有了意义。大学生，不是因为大学生这个称谓而具有这一群体的特征，而是他们每天的行为方式赋予了他们共同的特征。从这个意义上来讲，"人"不是一个名词，而是一个动词，是我们的行为赋予我们某些特征。

德国哲学家路德维希·约瑟夫·约翰·维特根斯坦（Ludwig Josef Johann Wittgenstein，以下简称维特根斯坦）进而认为：语言并不是仅仅包含一个单一的模式，它就像生活本身一样是可变的。他认为"意义就是用法"，"想象一种语言意味着想象一种生活方式"。语言分析不在于对语言或它的意义进行定义，而在于仔细描

---

① 恩斯特·卡西尔.人论［M］.甘阳，译.上海：上海译文出版，1985：35.

述它的用法。

这些哲学家的分析，为语用学的发展打下了很好的研究基础。英国人约翰·朗肖·奥斯汀（John Langshaw Austin，以下简称奥斯汀）在《如何以言行事》中提出"言语行为理论"，认为"说话就是做事"，语言的功能不仅仅具有描述事实的功能，还在于完成各种言语行为，描述事实只不过是语言的一种功能。

奥斯汀的学生美国人约翰·塞尔（John Searle，以下简称塞尔）对言语行为做了更为细致的分类，按照言语行为的意图，将其分为表述类、指令类、承诺类、宣告类，并提出适宜条件理论。后来赫伯特·保罗·格莱斯（Herbert Paul Grice，以下简称格莱斯）提出合作原则和会话含义理论，杰弗里·N.利奇（Geoffery N. Leech，以下简称利奇）提出礼貌原则，劳伦斯·R.霍恩（Laurence R. Horn，以下简称霍恩）、斯蒂芬·C.莱文森（Stephen C. Levinson，以下简称莱文森）等所谓的新格莱斯主义者对合作原则进行修订，语用学体系逐渐建构起来，成为语言学研究的一个分支学科，和音系学、句法学、语义学平行，作为语言学本体理论体系的重要成员。

根据戴维·克里斯特尔（David Crystal）《现代语言学词典》的解释，语用学是符号学的三大分支之一（另外两个是语义学和语形学）。符号学是指对符号系统特性的科学研究，是一种从语言学、心理学、哲学、社会学等多角度来研究信息传递系统的学科，按照莫里斯的界定，语形学研究"符号之间的形式关系"，语义学研究"符号及其所指对象的关系"，语用学研究"符号和解释者（使用者）的关系"，研究"符号起作用时出现的心理、生理和社会现象"。美国哲学家保罗·鲁道夫·卡尔纳普（Paul Rudolf Carnap，以下简称卡尔纳普）的表述或许比莫里斯的界定好理解一些：

> 研究语言时，明确地指涉使用者则属于语用学领域；抽掉使用者，仅分析语言表达式及其所指，属于语义学范围；所指也抽掉，仅分析语言表达式之间的关系，则属于语形学范围。①

学界一般认为，1977年，《语用学杂志》（*Journal of Pragmatics*）在荷兰的阿姆斯特丹正式出版发行是语用学成为语言学的一门独立的新学科得到承认的标志。20世纪70年代以来，语用学得到了长足的发展，有了自己的基本理论和方法，也有了自己的学术刊物，还出现了莱文森、雅各布·梅（Jacob Mey，以下简称梅）等人撰写的优秀教材，从而成为语言学中独立的一门新学科。

二、语用学的九种定义

莫里斯和卡尔纳普对语用学进行了研究范围界定，但要给语用学下一个明确的定义并不是一件容易的事情，有人甚至激进地说下定义是语义学的事情，语用学强调言语实践，语用学是什么，取决于语用学学者的研究行为本身。但不管怎么说，

---

① 杨成凯.语用学理论基础研究［C］//中国社会科学院语言研究所"汉语运用的语用原则"课题组.语用研究论集.北京：北京语言学院出版社，1994：30.

我们还是需要对"语用学"进行界定。

莱文森在其教材《语用学》中列出了九种不同的语用学定义，认为这九种定义，每一种都有欠缺或者异议，这九种定义如下。

定义（一）：语用学是对说明为什么某一组句子是不规则的或者某些话语是不可能的那些规则的研究。

定义（二）：语用学是从功能的观点，即试图通过涉及非语言的压制和动因来解释语言结构的某些方面而对语言进行的研究。

定义（三）：语用学应该只跟语言的使用原则相关，跟语言结构的描写无任何关系。或者援引乔姆斯基的能力和运用（competence and performance）的区别，语用学只跟语言运用原则相关。

定义（四）：语用学既包含语言结构的语境依赖的各方面，也包含跟语言结构没有关系或很少关系的语言的运用和理解的各项原则。

定义（五）：语用学是对在一种语言的结构中被语法化或被编码的那些语言和语境之间的关系的研究，或者用另一种方式来说，语用学是对语言和语法的书面形式相关的语境之间的关系的研究。

定义（六）：语用学是对未被纳入语义理论的所有那些意义方面的研究，研究的是不直接涉句子的真值条件的那些话语意义的各方面，粗略地说：语用学=意义—真值条件。

定义（七）：语用学是对语言和语境之间对说明语言理解具有重要性的那些关系的研究。

定义（八）：语用学是对语言的使用者把句子跟使句子合适的语境相匹配的能力的研究。

定义（九）：语用学是对指示语（至少是其中的一部分）、含义、预设、言语行为和语篇结构的某些方面的研究。①

上面列出的九种定义可以看作语用学的若干研究方向，每个研究方向都有其自己的核心任务。定义（一）、（二）是从解释句法组合的可接受性的角度来界定的，汉语的语法特征之一是缺少严格的形态标记，比如，英语中可数名词的复数形式一般会在单词末尾加上"s"或"es"，这是受客观语义制约的，必须强制使用；而汉语数量结构，以及"的""着""了""过"等各种语法形式在具体语境中缺乏强制性。比如汉语很重要的语法形式是数量结构，但是数量结构的运用并非强制性要求，比如：

［例2-1］a. 疲惫不堪的老张进了屋，倒头便睡。

　　　　　b. 疲惫不堪的老张进了一间屋子，倒头便睡。

这两个句子都可以接受，选择使用"一间"数量结构，就意味着说话人不敢

---

① Stephen C. Levinson. *Pragmatics*［M］. Cambridge： Cambridge University Press, 1983：5-13.

确定"屋子"是不是老张的家，[例2-1]a句不出现"一间"，则意味着说话人确定"屋子"是老张的家。

[例2-2] a. 你很漂亮。

　　　　　b. 你很漂亮了。

[例2-2]b句在句尾加上"了"，你能感觉到和[例2-2]a句的意思有很多不同。[例2-2]a句是评价，[例2-2]b句则蕴含着"你已经很漂亮了，不需要再打扮了""自信点，你已经足够漂亮了"等意思，汉语的很多语法形式都是为了传递言外之意的。

定义（三）、（四）、（五）、（七）、（八）则强调对语言运用能力的规律的解释，比如汉语中互相道别有多种表达方式，什么时候说"再见""失陪""留步""慢走"，并不是语法规定，而是取决于说话者是主人还是客人，主人送客时说"慢走"，客人在门口对主人说"留步"。

比如，一位老师给留学生初级汉语班上课，他告诉学生可以用"不客气"来回答"谢谢"。下课时，这位老师对留学生说："下课了，谢谢大家！"好几个留学生同时回答说："老师，不客气。"留学生这样回答显然与语境不符。这些语境和语言运用的规律和具体运用方法在这些定义中没有得到充分的解释。

定义（六）探究言外之意，"你知道我是谁吗？"这个句子在不同语境下可以有多种解释，一般会被理解成说话人在威胁对方，希望对方妥协或给予特殊待遇。听到这样的反问句，我们当然也可以幽默地说："先生，你可以去卫生间里照照镜子确认一下自己是谁。"

定义（九）列举了语用学的核心话题，其中，人称的使用是语用学的重要体现。我们会根据不同的语境来选择如何指称同一个人，比如：

[例2-3] 父亲对儿子说："去，给爷爷倒杯水去。"而不会说："去，给我爸倒杯水去。"儿子对父亲说："老爸，你去给爷爷倒杯水吧！"一般不会说："老爸，你去给你爸倒杯水吧！"

这两个句子在句法组合上都没问题，但是在具体的语境下，汉族人会选择儿子的立场来称呼"爷爷"，而不是爸爸的立场，这是因为人们说话要遵循礼貌原则。

有时我们会听到一个妻子生气地对丈夫说："今天老师给我发微信了，你问问你儿子在学校干什么好事了！"

请问这位妻子说的"你儿子"，难道是她丈夫和前妻生的孩子吗？这个孩子在学校真的像雷锋一样做了好事不留名吗？

不管从哪个方面对语用学进行界定，我们必须注意，语用学是一门解释性学科。语言学研究向来强调三个"充分"：观察充分、描写充分、解释充分。很多语言学家为普通话中"的""了"的隐现消得人憔悴，就是因为这两个汉语中使用频率最高的词，语用功能丰富，用法多变，语言学家希望能给出准确的语法规则，但是总有很多例外需要解释。

再举个话剧《茶馆》中的例子来说明言语行为与身份的匹配关系。

[例2-4] 秦仲义：（对王利发）轰出去！

王利发：是！出去吧，这里坐不住！

乡妇：哪位行行好？要这个孩子，二两银子！

常四爷：李三，要两个烂肉面，带她们到门外吃去！

李三：是啦！起来，门口等着去，我给你们端面来！①

在这个片段中，一共有五个人说话，每个人的身份特征不同，说出来的话在结构上便也不同，所谓"一人有一人之声口"。秦仲义身份地位最高，对王利发发出指令"轰出去！"这是一个强势的命令行为，而王利发在做出回应之后对乡妇发出指令"出去吧，这里坐不住！"王利发是个茶馆老板，地位不如秦仲义高，他的指令句带上了一个语气词"吧"，还附带了原因"这里坐不住"。我们思考一下，如果秦仲义的命令也带上语气词"吧"，他的话语力量就会降低，因为"吧"带有缓和语气的作用。

再来看乡妇，最弱势的个体，"哪位行行好？"采用的动词重叠结构，这里动词重叠结构的语用功能是表现出商量、请求的意味，是符合说话人的身份特征和语境需要的，倘若采用"哪位行好？"在句法上都不可接受；还可以有一种选择"哪位行个好？"，这个句子可以被接受，但是在卑微程度上似乎不如"哪位行行好？"更贴切。

而常四爷这位行侠仗义的满族老汉，对伙计李三发出指令"要两个烂肉面，带她们到门外吃去！"使用了一个"动词+去"的结构，这个结构也带有较强的语言力量，用这种强势的语言和秦仲义针锋相对。

通过 [例2-4] 这个话剧中的例子，我们看到老舍这位语言大师在遣词造句方面的深厚功力，让每个人物通过他的语言表现出不同的个性。作为一个语言文学专业的学习者，如何将语境要素、人物的身份特征、话语意图编码成合适得体的语句，是一个非常重要的能力，需要我们好好学习、琢磨，多做训练。

语言表达有的时候要求非常精微，再来看一组例子：

[例2-5] a. 把这些剩下的鲍鱼吃了吧，倒了挺可惜。

b. 把这些剩下的鲍鱼吃了吧，对你有好处。

[例2-6] a.看你精神这么不好，去遛遛狗吧。

b.看你精神这么不好，去把狗遛一遛。

为什么这两组句子中，a句是较为得体的，而b句听起来较为别扭呢？这可能跟"把字句"的语用特征有关。

我们把 [例2-5] 的语境还原一下：妈妈看着剩下的菜，觉得倒了挺可惜的，她是在心疼那些剩菜，要求孩子不要浪费。[例2-5] a句的把字句是要求对"剩下的鲍鱼"进行处置，说话人是同情那些昂贵的鲍鱼，而不是同情吃撑了的孩子，正是因

---

① 老舍.茶馆 [M].成都：四川人民出版社，2017：17.

为这个原因，［例2-5］b句听起来就有些别扭。同样，［例2-6］a句的说话人是同情"你"，鼓励"你"出去遛遛狗放松一下，让身心愉悦；而［例2-6］b句不可接受，是因为"去把狗遛一遛"这个短句，说话人表达的是"你精神不好，重要的事就不要做了，去遛狗吧"，就会让人不舒服。

由此可见，在实际的篇章（话语）中，我们选择什么样的语言形式，包括语调、重音、语序、句式、篇章类型，都受到语用特征制约，汉语语法缺少严格意义上的语法形态标记，是一种语用优先型语言，要对汉语的语法规则进行解释，语用学理论显得特别重要。

三、语用学的典型特征

（一）印欧语和汉语在语法上的区别

上面所举例子，究竟属于语用学还是属于语义学或语法学，其实很难区分得泾渭分明。沈家煊提出印欧语和汉语在语法和语用法关系方面的两种模型：

语法和语用法（简称"用法"）的关系，汉语和印欧语是不同的，区别可以图示如下：

印欧语（特别是拉丁语）里语用变化是语用变化，语法变化是语法变化，两者基本上是分开的，有一个语用法和语法的交界面；汉语里语用变化往往也是语法变化，语法变化包含在语用变化之中，不存在一个语用法和语法的交界面。印欧语的语法已经从语用法里独立出来，汉语的语法还没有从语用法里独立出来，语用法和语法也是一个包含格局，称作"用体包含"，作为语言结构之"体"的语法包含在"用"法之内。①

任何有深度的语法理论都不能没有哲学的根基。沈家煊提出：就范畴观而言，西方人重视"是不是"，中国人重视"有没有"。英语中用"there be"结构来表示存在，"being"就是存在，也就是说甲乙分立才是两个范畴；汉语中用"有"来表示存在，"山上有座庙，庙里有一个老和尚"，存在即有，"有"是包含关系，"天人合一"不是合二为一，而是指"人"是"天"的一部分。"道在器中""体在用中""示人以器，则道在其中"。

---

① 沈家煊.名词和动词［M］.北京：商务印书馆，2016：158.

（二）语用学研究范畴

语用学和语形学、语义学不能简单地用一个特征来区分，可以通过经典范畴特征集合理论来概括语用学研究范畴，具体如下：

（1）语用学讨论的是语言符号和使用者、使用语境之间的关系；

（2）语用学以实际使用的话语为研究对象；

（3）语用学以言语行为为基本的研究对象。

只要出现使用者的意图、情态、言语行为、话语等因素，我们就认为这些语言分析就属于语用学的范畴。在语文教学阅读理解训练中，最常见的分析方法为：这句话反映了作者怎样的思想、情感，表达了作者怎样的观点；褒义词、贬义词如何体现作者的态度；语气词如何表达作者的情感等，这些分析和思考都属于语用学范畴。

以语用学为理论基础的语文教学提出注重语言建构与运用的观点，很强调语言文字实践能力的提升，对照《课程标准》对"语言建构与运用"核心素养的说明，可以发现语文教学与语用学是高度契合的：

语言建构与运用是指学生在丰富的语言实践中，通过主动的积累、梳理和整合，逐步掌握祖国语言文字特点及其运用规律，形成个体言语经验，发展在具体语言情境中正确有效地运用祖国语言文字进行交流沟通的能力。

（三）语用学的分类

20世纪70年代以来，语用学在各个领域都有了长足的发展。在戴维·克里斯特尔的《现代语言学词典》中，列出了语用学的分类，具体如下：

（1）语用语言学：接近语言学一端的语用学，主要是从语言形式出发，处理语言结构中有形式体现的那些语境要素。

（2）社会语用学：主要是从社会情景出发研究语言使用的各种条件；

（3）一般语用学：主要研究支配语言信递作用的原则，特别是会话原则；

（4）文学语用学：主要通过应用语用学的概念（特别是与叙事相关的概念）来产生和理解文学作品；

（5）应用语用学：主要研究各种具体场合的互动问题，比如不同年龄的人群之间、两性之间、医患之间的语用问题，以及司法审判、咨询和外语教学等领域的语用问题。

2012年底，中国的中小学语文教学研究者们在福建泉州发表《聚龙宣言》，专家们提出要以语用学理论作为语文教学的支撑理论，很多学者开始思考哪些语用学理论可以引入语文教学及其研究中，并取得了一定的成果，以此证明语用学在语文教学中的价值。一个学科，不仅要有一个研究理论本体的核心专家群体，更需要大量的结合社会实际需要的运用型研究活动，两者相辅相成，相得益彰，才能共同推进学科的发展，促进社会进步。

第二节　语形学、语义学、语用学的关系

第一节讲到符号学有三个分支学科——语形学、语义学、语用学，三者并不是截然分开的，而是互相影响，互相生成的。在人类的听、说、读、写四种基本表达形式中，听、读是一个话语接受过程，我们首先接受语言形式，然后理解该形式的语义，再结合语境推理、阐释出语用特征；而说、写是一个话语生成过程，表达者先根据语用特征进行构思，然后用具体的语言形式组合来表达自己的意图和意义。语用学是从篇章或者话语的角度来看待语言结构的，我们看一篇文章或者一段话，不仅仅会注意其形式，还会注意其形式和外部世界的关系，同时也会注意观察其形式和使用者、使用环境之间的关系。语用学是最为具体的，语义学次之，语形学最为抽象。

一、从符号学角度来看三者的关系

（一）语形学

语形学（syntactics），在国内语法学界一般说成句法学，但是syntagmatic是指语言成分的组合关系，把语言视为按线性排列的组合序列，可以包括语音的组合序列、语素的组合序列、句子的组合序列、篇章的组合序列，汉语的语形学还应该包括汉字的构件组合方式。这样看来，汉语的语形学包括的内容是：语音学、文字学、词法学、句法学、章法学，凡是语言形式中各种成分的组合规律都应该放在语形学这一领域中。

根据语言学的基本理论，语言成分的分类是按照它们在组合序列时能够出现的位置进行归类的，比如汉语的声母是指出现在一个音节开头的辅音，韵母是一个音节里声母后面的部分。在构词法方面，又可以根据语素的多少分为单纯词和合成词；在组合成词的方式和序列中，又可分为主谓结构词、偏正结构词、动宾结构词等。词法和词组的结构类型是一致的，句子结构和词组的结构也基本上是一致的。

（二）语义学

语义是从话语中抽象出来的，一个词语经常在语言运用中表达某种概念意义，那么词典中就会把这个意义收录作为该词的一个义项，比如《现代汉语词典》（第6版）中"老虎"和"苍蝇"的释义如下：

【老虎】①虎的通称。②比喻大量耗费能源或原材料的设备：煤～|电～。③比喻有大量贪污、盗窃或偷税漏税行为的人。[①]

【苍蝇】昆虫，种类很多，通常指家蝇，头部有一对复眼，幼虫叫蛆。成虫能传染霍乱、伤寒等多种疾病。[②]

---

① 中国社会科学院语言研究所词典编辑室.现代汉语词典［M］.6版.北京：商务印书馆，2012：779.
② 中国社会科学院语言研究所词典编辑室.现代汉语词典［M］.6版.北京：商务印书馆，2012：127.

到了《现代汉语词典》（第7版）的时候，由于社会政治环境的影响，"老虎""苍蝇"各自加了一个义项：

【老虎】……④特指职位很高的严重腐败分子：～相继落马，对问题官员形成巨大震慑。①

【苍蝇】……②比喻职位不高的腐败分子：反腐要坚持老虎、～一起打。②

"老虎""苍蝇"两个词在新版中多了一个义项，"打虎拍蝇"可以用来指称"全面的反腐败行为"。可见，词义和句式意义都不是固有的，是随着社会时代的变迁而不断变化的。

练习

1.请查阅《现代汉语词典》第1版到最新的第7版中关于"妓女""股票""国家"等词，思考不同的时代，词语为什么会有各种不同的解释？

2.阅读安布罗斯·尔斯的《魔鬼词典》中的词语解释，并与《现代汉语词典》中的相关词条对比，分析这两部词典为什么在词语解释方面差别如此之大。

和语境最为相关的是指示成分，指示成分是指一个话语篇章中有关人称、时间、处所等方面的语境因素。语用学的指示词语系统是指语言结构中用来编码话语语境中相关的人、事物、时间、空间等信息的词语形式或者语法手段，指示系统包括人称指示、时间指示、处所指示、话语指示、社会指示等，是语言中的普遍现象。如果没有指示系统，语言就无法有效地完成交际。不了解指示词语的所指信息，很多句子是无法理解的，假如我们从大海里捡到了一个漂流瓶，里面有个纸条，写着：

一个月之后，请带着一根这么长的手杖，在这等她，把她带回我家。

看到这张纸条，我们只能望洋兴叹，因为无法确定具体的时间，也不知道那根手杖到底有多长，更无从确定"她"究竟是谁，把她带到哪里去。如果是我们的一个朋友在此时、此地对我们做出这样的指令，同时向身体两侧伸长手臂表示手杖的长度，我们就可以较为明确地知道我们该怎么做，"她"在此时此刻的语境中应该也是特指某一位女士。

句子是为了完成具体的交际意图的，人们运用语言进行交际，来实现某一特定的交际意图（如陈述、询问、命令、邀请、宣判、祝贺、感谢等），这实际上是在完成一种行为，这种行为被称为言语行为。一个语篇经常是由若干个言语行为组成的。我们在分析一个语篇的时候，可以将语篇结构和言语行为程序结合起来分析。把言语行为理论和话语结构结合起来分析一个语篇是语用学习的一个很有价值的思路。面对一个语篇，我们不仅仅要看到句子，还要看到说话人在使用句子完成什么行为？一篇文章，一般都是有哪些言语行为？这些言语行为又是按照什么样的顺序组合起来的？这方面我们将在第二章进行更为详细的说明。

---

① 中国社会科学院语言研究所词典编辑室.现代汉语词典［M］.7版.北京：商务印书馆，2016：783.
② 中国社会科学院语言研究所词典编辑室.现代汉语词典［M］.7版.北京：商务印书馆，2016：127.

现代语言学之父费迪南德·德·索绪尔（Ferdinand de Saussure，以下简称索绪尔）在《普通语言学教程》中一再强调，词语不是直接与外部世界的物体对应的，而是反映了人对外部世界的认知。同样的海岸，在英语中有两个单词：shore 和 coast。航海的人在大海中航行时看到的海岸被称为 shore，而 coast 则是在陆地上旅行的人看到的海岸。海岸还是那个海岸，但是在注重海洋文化传统的英美人看来，却有两种不同的认知。声音，在英语中有 voice 和 sound 两个基本词语，分别对应人的声音和其他声音。

语义学还研究语法成分之间的意义关系，比如"跳楼"和"跳绳"在语法结构上看起来是一样的，都是"动词+名词"，但两者的语义关系差别很大，"跳楼"是指从楼上跳下来，而"跳绳"则是指拿着一根绳子连续起跳。

（三）语用学

本章第一节已经大致介绍了语用学的研究对象——符号与使用者之间的关系，而要探究这种关系，就必须要关注语境。

语境的界定范围可大可小，往大里说，是指人们在交际时（写作一篇文章或者对话时）的全部背景，包括交际时的情景，也包括说话人和听话人的知识背景、身份特征、信念和预设，语境是用来决定话语的形式、意义和得体性的全部因素。比如汉语中主客告别的时候，究竟是选择"您留步！"还是"您慢走！"这样的告别惯用语，取决于说话人的身份。选择什么样的词语和句式，都是受到语境因素制约的结果，如何理解一个词、一个句子在具体表达中的意思，或分析一个句子为什么采用这样的句法组合，也和语境密切相关。

语境，往小里说，是指上下文，一个词只有在上下文中才能确定它的词义，一个句子只有在上下文中才能判断它的句义，一段话只有在上下文中才能识别出它的表达意图，所谓"断章取义"就是割裂了上下文来识解一个语段，很容易造成对作者本意理解的偏差。"老虎苍蝇"既可以指动物，也可以指大小贪官，得根据它们所处的上下文来确定其用法。

语境能给语言符号增加意义，"意义就是用法"这种说法说明符号意义是从语用层面传递到语义层面的。比如我们看到一个考生，高考前半年就拿到了哈佛、剑桥、麻省理工等名校的录取通知书，结果他还是选择参加高考，最终被北大录取，这样的孩子通常会被幽默地称为"别人家的孩子"。同样，有些大学生看到一流大学的图书馆，羡慕得不得了，赞叹道"别人家的图书馆"；住房拥挤的人看到别人家的房子背山面海，花园就有好几亩，会艳羡地说"别人家的房子"。在这类语境中，我们高频使用"别人家的××"，这个格式就会从一个客观的指别性结构变为一个主观的赞叹式结构。

（四）语形学、语义学、语用学三者的关系

我们以柳宗元的著名诗歌《江雪》为例来说明语形学、语义学、语用学三者在研究对象、研究方法、研究目的方面的差异。

千山鸟飞绝，

万径人踪灭。

孤舟蓑笠翁，

独钓寒江雪。

1.语形学层面

在语言形式上，我们可以从文字、读音、词汇、语法等四个层次来分析。

（1）文字

作为书面语言，我们首先注意到的是文字，这首短诗一共用了20个汉字，独体字有"千、山、鸟、飞、万、人、舟"7个，合体字有"绝、径、踪、灭、孤、蓑、笠、翁、独、钓、寒、江、雪"13个，还可以进一步分析文字的造字方法等。比如，"孤、独"为什么一个是"子"部，一个是"犭"部？"灭"字从繁体字的"滅"到简体字，究竟有什么变化呢？

（2）读音

我们还要注意读音，作为一首格律诗，必须分清楚平仄押韵等。押的韵是"绝、灭、雪"入声韵，平水韵是"屑韵"，入声韵在唐诗中属于险韵，因为入声字不多，要使用好入声韵，是对诗人用韵技巧的考验，正所谓"带着镣铐跳舞"，才能显示舞技的高超。诗人都是铤而走险者，他们绝不走众人的坦途。

（3）词汇

词汇方面，这是典型的古汉语用法，单音成词，没有双音词，每个音节都具有独立的词语地位，这有助于帮助学生了解古汉语的特点。

（4）语法

语法方面，本诗典型反映了汉语的语法特点：句法不是主语（动作者）+谓语（动作），而是典型的"话题+评论"构成的话题句，句首的"千山""万径"都是话题，而不是行为者。

语形学能讲到这个程度，对一首诗的形式分析可以算是较为深入了。

2.语义学层面

语义学是研究符号与它所指陈的外部世界的对应关系。语义学不是研究词与物的关系，而是研究语言形式与外部世界在人脑中的认知概念之间的关系。

（1）语义与客观对象的关系

从语义学层面对这首绝句也可以做深入的分析。

语义学首先关注的是真值条件问题的学科。语言形式是不是真实地表达外部世界的客观对象，语义学中有个经典解释：

"雪是白的"这个句子当且仅当外部世界中雪是白的的时候，才是真的。

请问《江雪》的四句诗，是写实的吗？"千山""万径"是诗人看到的真实场景吗？倘若不是真实场景，就可能是虚构场景，那么"孤舟蓑笠翁，独钓寒江雪"所描写的就可能是非真实的虚构事件。

（2）词语之间的语义关系

语义学还要思考词语之间的语义关系，语义学考虑名词在句中充当的语义角色，动词具有行动性，行动需要各种角色来完成。"鸟飞绝"中"鸟"是"飞"这个动作的发出者，那么"千山"是一个什么角色呢？是不是来修饰"鸟"的呢？其实，"千山"可以视为"鸟飞绝"这个行为事件的发生背景。"万径"也不是来修饰"人"的，而是"人踪灭"这个事件的背景，这样我们就不能把这句诗理解为"千山上的鸟都飞绝了，万径上的人踪都灭了"，而是"无穷无尽的山，连鸟的身影都绝迹了；那么多路啊，人的踪迹都被覆盖了"。

诗的三、四句合成一个单句，"孤舟蓑笠翁，独钓寒江雪"。要考虑"独钓寒江雪"这个形式中，"钓"和"雪"是什么关系？"雪"是"钓"的宾语吗？和"钓鱼"是一样的语义关系吗？还是"在寒冷的江雪中独自一个人垂钓"？即"钓于寒江雪"的关系，这是古代汉语典型的句法"动词+处所状语"结构，如"庄子钓于濮水"。

（3）句子之间的语法关系

语义学还得考虑各句之间的语法关系，如一、二句可以视为并列复句，和三、四句形成什么语义关系呢？是转折关系，还是递进关系？通过对句子之间的语法关系的分析，我们就能更好地理解作者想要表达的意思。

3.语用学层面

从语用学的角度，我们可以从信息结构、言语行为、话语意义、语境等方面进行分析。

（1）信息结构

首先看信息结构，如果把这首诗看作一幅画，那么哪些信息是背景信息，哪些信息是焦点信息？比如"千山鸟飞绝，万径人踪灭"是背景信息，整首诗的焦点是"孤舟蓑笠翁，独钓寒江雪"。

（2）言语行为

从言语行为角度来看，这首诗主要是告知行为中的描写，是对一个静态的事件进行描述，我们在绪论部分说过，写景的语句，多以事物为句首主语（话题），"孤舟蓑笠翁"也只是安静地坐着，并没有因为白雪茫茫、空寂孤独而改变自己的状态。

（3）话语意义

从话语意义来看，诗歌看似写景，但读者不妨把它看作象征主义的作品，"千山鸟飞绝""万径人踪灭""孤舟""独钓"等究竟有何象征意味？象征是一种文学创作方法，可用现代隐喻学理论来解释，隐喻从形式上必须有本体、喻体、比喻格式、相似性四个要素。因为比喻是语文教学中常见的问题，因此值得花点笔墨说明。

比如，"曹公像豹子一样敏捷"这个比喻句，"曹公"是本体，"像……一样……"是比喻格式，"豹子"是喻体，"敏捷"是相似性。

曹公	像	豹子	一样	敏捷
本体	比喻格式	喻体	比喻格式	相似性

当然，我们使用比喻，不需要这么完整，我们可以省略其中某些要素，如"曹公像豹子一样"，省略了相似性；或者"曹公，豹子也"，进一步连比喻格式也省略了。

我们还可以改变句式，如"豹子也没有曹公那么敏捷""曹公比豹子还要敏捷""曹公如豹子一般/似的"等，"没有……那么……""比……还要……""如……一般/似的"也是比喻格式。

比喻是一个认知过程，都是言者通过喻体（认知的源域）来表达对本体（认知的目标域）的认识。举例来说，"人生是旅程"，因为人生很难被我们整体认识，但每个人都或多或少，或长或短地经历过一些旅程，我们就借用"旅程"这个概念框架来认识"人生"这个概念框架，我们会选择"旅程"概念中的一些信息映射到"人生"这个概念框架中去，比如：

旅程有起点——人生有起点（出生）

旅程有终点——人生有终点（死亡）

旅程有旅伴——人生有伴侣（夫妻）

旅途有风景——人生有经历（体验）

旅途要旅费——人生有代价（付出）

旅途有驿站——人生有居所（住房）

旅途有交通工具——人生有轨道（常规轨道、不轨、越轨、出轨）

交通有规则——社会有法律

　……　　　　　　……

象征作为一种文学创作方法，只出现喻体，作家对喻体进行深入细致的描述，不出现本体、比喻词，也不对相似性进行说明，只对喻体进行细致的刻画和表现，比如赖内·马利亚·里尔克（Rainer Maria Rilke，以下简称里尔克）的《豹》，豹可以象征现代社会中的一个人、一个国家、一种精神，这个本体是什么，本体和喻体之间的相似性特征是要靠读者去解读的，象征让文本解读具有了无限的可能性。柳宗元的《江雪》如果从象征的角度来分析，也一样具有丰富的含义，隐喻理论习惯用映射图来表示喻体对本体的语义补充，如图2-1所示。

图2-1中A是喻体，是信息提供方，这首诗的语句隐含了很多信息，这是诗歌呈现出来的话语，而读者必须根据自己的知识、体验、情感去领会，目标是完成对B框架中的信息建构。文本解读不是简单地打开信息包接收信息，还需要动用诸多过去的经验、知识储备、精神意志等主体特征，知人论世，以意逆志。

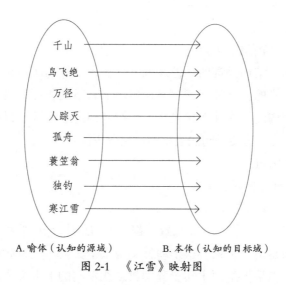

A. 喻体（认知的源域）　　　　B. 本体（认知的目标域）

图 2-1　《江雪》映射图

（4）语境

从语境的角度，可以从柳宗元生活的时代、遭遇、心境、志向等角度来还原《江雪》的创作背景、写作意图等，当然，读者也可以将这首诗运用到自己的时代，来表达自己的志向和情绪。如果进一步追问诗人为什么要虚构这样的一个场景和事件，那么，这就是语用学要回答的问题，这也是文学语用学关注的核心。

从语用学的角度来分析一篇文章，主要讨论语境要素、语言使用者的行动取向、话语含义、作者如何安排篇章信息结构等问题，我们将在以后的章节中进一步讨论。但通过对《江雪》多层面的分析，应该可以让读者看到从语形学、语义学、语用学三个角度依次解读一篇文章的思路，能给语文教学提供一个常规路径，为新入门的语文教师提供一个文本解读框架。当然，语言学只能提供一个基础思路，文学、美学、哲学等学科可以为语文教学提供更多的方法和启发，语文教学可以和多学科进行交融，汲取不同学科的营养。

二、从语法学角度来看三者的关系

（一）句法、语义、语用的关联

20世纪80年代，国内语法研究界提出三个平面的研究方法——从句法、语义、语用三个既有区别又有联系的不同平面对汉语的语法规律进行更为具体、系统的分析和解释。

句法学主要是对语言进行结构分析和层次分析。

对句子进行结构分析，首先需要对词进行分类，想要对词进行分类，又必须确定这一类的词在句子中所处的位置——主谓宾定状补，了解其词性——名词、动词、形容词、副词、介词、连词、助词、叹词等，它们构成了句法结构分析的道具。

然后再确定汉语的基本语序，如"主语＋动词＋宾语"是汉语的基本语序，"修饰语＋中心语""动词＋补语""数词＋量词＋名词性成分"是汉语中常规的语序组合方式等。

最后对句子进行全面结构分析。

一个句子或句法结构是词的线性序列，其实句子或句法结构里词与词之间结合的松紧程度是不一样的，词和词的组合在层次上有不同程度的紧密关系。在分析一句子时，将句法结构的层次性考虑进来，并按其构造层次逐层进行分析，指出每一层面的直接组成成分，这便是句法当中的层次分析法。

请看下面两个例句：

［例2-7］a. 潘金莲害死了丈夫。

b. 潘金莲死了丈夫。

这两个句子在句法结构上并无二致，都是主谓结构，在层次分析上也大致相同，只是［例2-7］b句是由"害死"这个动补结构来带宾语。但是我们总觉得这两个句子还有很多不同。如果把这两个句子分别放置在不同的上下文中，就会产生更多的疑问：

［例2-8］a. 在王婆的撺掇下，潘金莲害死了丈夫。

b. 在王婆的撺掇下，潘金莲死了丈夫。

［例2-9］a. 年纪轻轻、体弱多病的潘金莲害死了老公，她以后可怎么生活啊？

b. 年纪轻轻、体弱多病的潘金莲死了老公，她以后可怎么生活啊？

在具体的语境中如何选择最为合适的句子来表达准确的意图，单从句法学平面很难完全做到。这时候我们不得不使用语义学和语用学的一些方法了。

语义学中关于"语义角色"有一组概念对句法分析很有帮助，假如把一个句子比喻成一场戏，那么，围绕着主要事件和行为，需要有一组不同的角色来完成这个事件或者行为，这些角色可以是施事者、受事者、参与者，外加道具。在［例2-7］a句和b句中，"潘金莲"都是主语，但［例2-7］a句中"潘金莲"是"害死丈夫"这个事件的施事者，［例2-7］b句中"丈夫"是"死"这个事件的施事者（虽然不是很典型的施事者），所以［例2-8］a句是可接受的句子，有了"在王婆的撺掇下"这样一个状语成分，增加了"潘金莲"的施事性，强化了她是动作的发出者。在这样的上下文中，［例2-8］b句是不可接受的，因为主句没有凸显潘金莲的施事性。

进一步分析，说话人为什么要选择不同的句式？这就跟语用意图有关系了。［例2-7］a句是为了凸显潘金莲作为一个行为的发出者，害死了她的丈夫，要承担"丈夫死亡"的责任，这个意图在［例2-8］a句中得以清晰表达。［例2-8］b句的说话者是同情潘金莲的不幸遭遇（语言表达中有一系列的移情方式），这个意图在［例2-9］b句中表现得更加明确。

我们注意到在《水浒传》第二十四回的回目中，施耐庵是这样表达的："王婆计啜西门庆，淫妇药鸩武大郎"。在这个回目中，"淫妇"一词可以看出施耐庵的立场和评价，"药鸩"在语义上更为具体。

从句法、语义、语用三个平面来分析句子，可以让我们对一个句子的认识更加深入，也更能锻炼分析者的语言运用能力。

（二）语用分析

1.语用分析举例

同样的一个信息，我们可以选择不同的形式来表达。比如下面这一组句子：

［例2-10］a. 我昨天给张三泡了一杯浓浓的咖啡。

　　　　　b. 昨天我给张三泡了一杯浓浓的咖啡。

　　　　　c. 张三啊，昨天我浓浓地给他泡了一杯咖啡。

　　　　　d. 咖啡啊，昨天我浓浓地给张三泡了一杯。

　　　　　e. 昨天我给张三泡了一杯咖啡，浓浓地。

　　　　　f. 我昨天泡了一杯浓浓的咖啡给张三。

　　　　　g. 我浓浓地给张三泡了一杯咖啡，昨天。

　　　　　h. 昨天我浓浓地给张三泡了一杯咖啡。

这些句子是在实际表达中可能出现的各种具体语言现象，根据艾弗拉姆·诺姆·乔姆斯基（Avram Noam Chomsky，以下简称乔姆斯基）的核心句理论，这组句子可以视为是从［例2-10］a句通过各种句法操作手段转换来的，但是为什么要进行这样的句法操作呢？这种句法操作转换的基本动因是什么呢？这就只能从语用学的角度去解释了。首先我们可以用话题化理论来解释［例2-10］中的各句选择不同的句首名词的原因。说话人可以提取该句中的四个名词性成分中的任何一个，放在句首，作为叙述的开始。说话人倾向于把已知的信息放在句首，作为叙述的开始。纷繁复杂的各种语言现象，实际上都可以视为人们在各种语用动因的驱动下进行句法操作的结果。

朱德熙先生和陆俭明先生提倡进行狭义的短语层面的语法研究，短语层面的句法研究，才算是句法结构的静态研究，才能真正揭示句法结构的基本特征。而反观句子研究，则都离不开具体语境，会受到各种语用动因的制约，从而产生了各种各样的话语现象。

我们再来看《水浒传》第三十回"张都监血溅鸳鸯楼　武行者夜走蜈蚣岭"中有两段话语义内容基本相同，但是句法组合上却有很多差异。第一段是武松向"菜园子"张青复述自己在鸳鸯楼大开杀戒的过程：

叙礼罢，张青大惊，连忙问道："贤弟如何恁地模样？"武松答道：【眉批：看他一路细细叙述，不省一字，显出大笔力。】"一言难尽！……一更四点，进去马院里，先杀一个养马的后槽；爬入墙内去，就厨房里杀了两个丫环；直上鸳鸯楼，把张都监、张团练、蒋门神三个都杀了；又砍了两个亲随；下楼来又把他老婆儿女养娘都戳死了。[①]

接下来这段话是官府的差人回禀知府的文字：

① 金圣叹.金圣叹批评本水浒传：下册［M］.长春：长春出版社，2014：314.

知府听说罢，大惊，火速差人下来检点了杀死人数，行凶人出没去处，填画了图像、格目，回府里禀复知府，道："先从马院里入来，就杀了养马的后槽一人，有脱下旧衣二件。【前文所无。〇前文止半句。】次到厨房里，灶下杀死两个丫环，厨门边遗下行凶缺刀一把。【前文所有。〇此句本在后，倒插在前。】楼上杀死张都监一员并亲随二人。外有请到客官张团练与蒋门神二人。白粉壁上，衣襟蘸血大写八字道：'杀人者，打虎武松也！'楼下搠死夫人一口。在外搠死玉兰一口，奶娘二口，【此句本在后，倒插在前。】儿女三口。【此句前是二口，此多一口。】——共计杀死男女一十五名，掳掠去金银酒器六件。"①

请注意第一段话"一个养马的后槽""两个丫环""两个亲随"使用的"数量+名词"的结构，而第二段"养马的后槽一人""脱下旧衣二件""行凶缺刀一把""张都监一员并亲随二人……"使用的多为"名词+数量"结构。在汉语口语语法中"数量+名词"组合是一种无标记结构，而"名词+数量"组合语序则是有标记结构，多出现在计数的语境中，我们从《水浒传》对句法的精确运用中可以看出该书真不愧为"天下六才子书"之一。

2.语用分析术语

语法学的语用层面的分析主要的术语有话题、焦点、背景、前景、凸显、强调、主观化等。研究和了解一门语言，如果不分析它是如何运用的，就不能充分理解和认识这一门语言。

汉语作为一种语用优先型的语言，从汉语的研究传统中，可以看出对语用的重视，比如吕叔湘先生的《汉语文法要略》中，大量的篇幅就放在"表达"这一领域。不讲语用，汉语的语法研究恐怕很难有实质性的发展。

练习

请从语形、语义、语用三个层面，对中小学语文教材中的一篇文章进行分析说明。

第三节　语用学研究的两个不同方向

20世纪语言学的发展突飞猛进，大量的语言学家把精力和时间投入到对语音、语法和词汇进行的系统的描写和分析上。但是到了20世纪后半叶，一些语言学家认识到，语言交际所包含的内容远远超出了语言的词汇意义和语法组合关系的内容。关于语用环境和语用主体之间的差异带来的交际差异就成了语用学研究（及其相关研究如社会语言学、人类语言学等）的核心话题。

在语用学创建初期，语用学的讨论主要是围绕着"语用原则""会话含意理论""礼貌原则"等问题展开。比如格莱斯的"合作原则"及其四个次准则——"质

---

① 金圣叹.金圣叹批评本水浒传：下册［M］.长春：长春出版社，2014：314-315.

准则""量准则""方式准则""关系准则"、莱文森的三准则或者霍恩的二准则、丹·斯珀伯（Dan Sperber，以下简称斯珀伯）与迪埃钰·威尔逊（Deirdre Wilson，以下简称威尔逊）在关联理论中提出的"关联准则"、利奇的"礼貌原则"等。礼貌原则是对格莱斯的"合作原则"的补充，一般认为"合作原则"和"礼貌原则"是人类交际的两个基本准则，人们为了遵循"礼貌原则"，有时会不得已违反"合作原则"及其相关的"次准则"。格莱斯的"合作原则"理论进一步衍生出"会话含意理论"，认为人们在交际中会自觉遵循"合作原则"，如果从话语形式上看是违反了"合作原则"，但交际双方都坚信对方会遵循合作原则，那么一般就意味着这个违反原则的话语形式中有言外之意，即会话含意。

在语言交际中，"合作原则"和"礼貌原则"是人们必须遵循的基本原则，否则我们就无法交流，无法沟通，无法实现社会交往。这两个原则是我们在交际活动中都必须遵守的，普通人在交际中对这两个原则似乎是日用而不知，只是格莱斯和利奇第一次将它们用科学的语言表述了出来，并对其进行了系统化研究。

随后的语用学研究显然不满足这样的讨论，因为这些原则没有给语言学内部研究带来什么明确的用途，也没有为社会语言学研究提供管用的方法。所以虽然也有很多研究者继续挖掘语用原则，但是语用学在随后的发展中表现为两个基本的方向，一个是向上的语用学研究，希望通过研究话语运用来分析社会问题，通过话语交际来建构和谐社会，这个方向想致力于解决社会问题；另一个是向下的语用学研究，研究者努力朝句法和语义方向发展，希望能用语用学的各种原则和理论来解释句法和语义现象，以求给句法和语义现象做出更为简洁的解释，这个方向很显然是致力于解决语言系统的问题。

以下我们将分别介绍这两个方向的主要代表人物及其成果，看看语用学研究除了讨论"语用原则""会话含意"等本学科的核心问题之外，还能为别的学科（如社会学、哲学、句法学、语义学）做些什么，希望能对汉语语用学的进一步深入研究带来启发。

一、向上的语用学研究

所谓向上的语用学研究，是指这类语用学研究的目的是为实现社会和谐和达成真理共识的建构。这个方向的语用学研究不满足于解释语言运用的各种现象，而是致力于干预社会，力求通过对话语的研究来进行社会批评和意识形态的解读。

西方语用学从莫里斯、卡尔纳普之后，出现了很多希望从语用研究出发，但是又不仅仅局限于语用原则的讨论的研究者，他们致力于解决社会问题甚至是哲学问题，这一部分主要介绍耶夫·维索尔伦（Jef Verschueren，以下简称维索尔伦）的综观语用学、诺曼·费尔克拉夫（Norman Fairclough，以下简称费尔克拉夫）的批评话语分析、约翰·甘柏兹（John Gumperz，以下简称甘柏兹）的互动会话策略、尤尔根·哈贝马斯（Jürgen Habermas，以下简称哈贝马斯）的普遍语用学。

（一）维索尔伦的综观语用学

维索尔伦的综观论语用学是典型的向上的语用学研究，其《语用学诠解》想抛弃"语用学和语音、语义、句法、形态四学科的平行观"，认为语用学应该能够将语言学的特征（语言结构的任何一个层次上，而不仅仅是在意义这个语义层次上）和话语环境诸种现象联系起来处理其协同性、变异性和适应性的问题。语用学应定义为对于语言（任何方面）的功能性综观。图2-2用来说明维索尔伦的语用综观论。

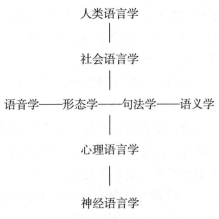

人类语言学
|
社会语言学
|
语音学——形态学——句法学——语义学
|
心理语言学
|
神经语言学

图 2-2　维索尔伦的语用综观论结构

维索尔伦认为语用学既不属于横向上的组成部分，也不属于纵向上的组成部分，而应将其定义为一种综观理论。凡是语音学家、形态学家、句法学家、语义学家、心理语言学家等所能涉及的都在他的语用学观照射之内。他们之中，谁采纳了这个综观理论，谁就是在从事语用学研究。语用学不同于语音学（以音位为基本分析单元）、句法学（以句子为分析单元）、语义学（以命题为分析单元）等，根本没有什么基本分析单元。甚至认为语用学如果建立这样的单元，弄不好还会走入歧途。

再来看语用综观论和纵向上诸学科的差异。纵向学科有具体的超语言的现实领域作为相关的研究对象——人类语言学研究文化，社会语言学研究社会，心理语言学研究心智过程，神经语言学研究神经心理机制，而语用学却没有类似的领域作研究对象。维索尔伦以语言选择和语言适应为中心搭起了语用学的架构，试图回答"语言对人类的生存做出了什么贡献"这一问题。认为"语言选择"是手段，"适应环境和目的"是交际目的，而"人要生存和发展"则是最终目的，提出语用学应包括所有适应特征的研究，研究语言选择背后的机制与动机，以及这个机制与动机所具有和企图获得的后果与影响。

（二）批判话语分析

批判话语分析试图在社会学分析和语言学分析之间架起一座桥梁，话语分析的结果必须能够揭示隐蔽其中或其后的意识形态和权力关系，以及这种权力的影响，其目的不是为了分析话语，而是为了分析潜藏在话语之中的不平等，是旨在揭示语言是如何被用来实施社会政治控制的一种话语分析方法。

代表人物如费尔克拉夫，其在《话语与社会变迁》等著作中，分析了若干领域的话语类型，比如警察和目击者之间的话语结构，医生和患者之间的话语结构，表明了话语中的诸多问题并不是语言内部结构在起作用，而是交际双方的社会地位和权势强弱在控制话语结构，揭示了话语与权力、意识形态之间的关系，这样的研究是为了证明，话语中隐含的意识形态和权力关系组成并建构社会现实、人际关系，参与并促进社会和文化的变迁。

批评话语分析是通过对语篇进行文本分析来进行社会学研究的一种跨学科研究，不仅要通过语篇分析揭示话语中隐含的意识形态和不平等的权力关系，而且要通过这种批评性语篇分析来改变社会中的不平等现象（如消除种族歧视），促使社会变革的实现。在这个意义上，批判话语分析具有强烈的批评意识，批评视角相当尖锐。

（三）甘柏兹的会话策略

甘柏兹提出交际社会语言学，认为语言最实质的部分并不是语法学家所概括出来的语言结构系统，而是讲话人利用有关语言的知识和非语言的知识以互动的方式所进行的交际实践。互动是语言的最重要特性，一切语音、语法规则的价值只存在于具体的交际活动传情达意的实际作用之中。通过使用语言而产生了交际效果，那些实现了的语言形式才是语言事实。如果只是产生一些合乎语法的句子而没有产生任何交际效果，则不能认为是真正的语言现象。甘柏兹特别提出，对会话的理解是一个动态过程，在这个过程中，会话人通过综合所收到的信息不断地形成和修正一些关于对方交际意图的假设，并通过自己的言语和非言语的行动来验证这些假设。在甘柏兹的代表作《会话策略》中，他表明了交际社会语言学的基本思想，并且举了几十个语言交际事件的个案，包括师生对话、乡镇闲谈、街头交易、电视广告、就业辅导、政论言说等，其中有不少用来剖析现代移民社会中的社会交际问题，如美国社会中黑人和白人对话过程中的互动策略，印度社会中服务员和顾客之间的对话方式，以解释工业化、城市化过程与语言变迁的关系，还有一些用来说明言语交际的复杂性，对解释会话策略的分析方法做了详尽的演示[①]。

甘柏兹提出一个重要的概念——语境提示（contextualization cues）。在甘柏兹看来，语言事实必然包括一个语境的成分。语言的表意功能依赖于语境，失去了语境，语义就变得飘忽不定，难以界定。甘柏兹在语境研究上的进步在于他认为语境也是动态地确定的，并且话语本身也可以限定和改变语境。在会话过程当中，不断产生的语境提示是会话人赖以解释会话意图的必要信息。如严肃的场合突然讲了句笑话，这说明讲话人是在力图改变语境。语境提示可以是话语本身，也可以是非话语内容，如手势、体态、面部表情等。但是最常用的，同时也是最容易被忽略的语境提示，是那些包含在话语中的、传统上一般被认为是边缘化语言特征的语言表现形式，如音高、节律、非音位性发音特征、习语的使用、程式化表达等[②]。

---

①②　徐大明.约翰·甘柏兹的学术思想［J］.语言教学与研究，2002（4）：3-8.

（四）哈贝马斯的普遍语用学

德国哲学家哈贝马斯的普遍语用学可以视为向上的语用学发展到极致的结果。作为德国法兰克福学派的重要人物，哈贝马斯也受到奥斯汀的《如何以言行事》理论的影响。

哈贝马斯把语言使用的方式分为三种：对一种事实或事态进行描述、做出判断的认识功能；对言说者的内心情感或体验加以言说的表达功能；对听者提出某种要求的吁求功能。

这三种语言使用的方式分别和他提出的三个世界理论对应，即：

（1）通过对"客观世界"（外在实体的综合）中的某物的言说（真实性陈述），与作为自然的外部世界发生关系；

（2）通过对"社会世界"（合法调节的人际间关系的总体）中的某一情态的言说（正确性言说），与别的行为者发生关系；

（3）通过对"主观世界"（个人内心情感或体验）中的事态的言说（真诚性言说），与自我发生关系。

表2-1所表示的是话语行为、所指涉的世界和有效性要求之间的相互关系。

表2-1 话语行为、所指涉的世界和有效性要求之间的相互关系

世界	有效性要求	话语行为
客观世界	真实性	断言式
社会世界	正确性	调节式
主观世界	真诚性	表达式

哈贝马斯的普通语用学理论从话语实践角度，来探讨道德律所依据的论证前提的普遍有效性，其中包括四个基本前提：所有人员（a）广泛而（b）平等的参与，意见的（c）真实性，以及组织上确保交往的（d）不受约束性。哈贝马斯认为不存在认识论意义上的真理，所谓"真理"就是"真理共识"，所谓"真理"是一个通过话语走向"共识"的论证过程，这个论证的理想型论证条件是：满足公共性与包容性、平等参与、排除幻象与假象、避免来自内在与外在的强制。哈贝马斯借助普遍语用学和交往行为理论，以话语为线索，把认识和行动、事实和价值、理论和实践结合起来，从而将解释世界、改造世界和批判世界的哲学功能融为一体。他的语用学理论和社会交往理性是当代哲学中的"语用学转向"的典型代表学说，虽然也有很多哲学家在批判哈贝马斯，但是他建构的普遍语用学却是很有解释力的，也具有很强的实践价值，在文学、社会学和政治学等各学科都享有很高的声誉。

向上的语用学研究体现了一种强烈的社会责任感，这个方向的研究者主要是欧洲大陆的语用学者，反映了欧陆公共知识分子介入社会生活和改善人类生存环境的努力，将专业研究和社会责任紧密结合起来，希望通过分析语言结构来反省社会结构，逐渐消除社会不公正。在这一点上倒是和西方古典修辞学研究者有共同的追求。

二、向下的语用学研究

向下的语用学研究主要致力于发现语言系统中由于使用者的原因而产生的语言现象。这个路向的研究者主要是英美学派。向下语用学研究也被称为描写语用学研究。

向下的语用学研究者采取系统的描写方法，他们希望利用语用学理论来改变句法和语义学过于烦琐的研究倾向，希望从语用学理论中找到更为合适的简洁明了的句法语义解释。这样，英美语用学研究总是和句法、语义结合在一起，很多话题都和形式学派相同，但是思考方向却大相径庭，甚至刻意和形式学派对着干，如形式学派提出"移位"理论，语用学派提出的是"移情"[①]理论，两个学科在互相争论中走向自我完善。向下的语用学研究主要可以分为以下三个方向：功能主义的语用研究、认知分析与语用研究、语言演变与语用研究。

（一）功能主义的语用研究

功能主义语法学派使用的"功能"也不是指句法功能，也不是指在语法中名词短语所充当的如主语、宾语等句子成分的功能，而是指语言在社会或个人语境中所起的作用，如语言用来传递思想，表达情感态度等功能。

作为形式主义语法学派的对立面，功能主义语法学派不相信"语言能力"和"语言运用"之间存在着严格区分，认为形式主义学派所说的"语言能力属于说话人的语言知识，是稳定的；语言运用是社会因素对语言行为的影响，是常变的"是一种割裂了语言结构及其动因的说法，语言的包装和安排根本就是出于社会因素的考虑的，说话人的语言知识无异于说话人的语言行为，语法系统也不是先天地被规则控制的，而是不断从话语形式中浮现出来的东西，是根据实际运用不断调整的，所以功能语法学派不对形式化这件事情本身感兴趣，不认为形式化是语法研究工作的终极目的，不认为形式化就等同于理论。[②]

在戴浩一、薛凤生主编的《功能主义与汉语语法》一书的导言中，主编是这样介绍这部论文集的：

主要涉及作为汉语语法结构的基础的语义结构和认知基础，并涉及那些控制着这些结构的使用的可接受的语用因素。我们的目的是发现汉语里一些迄今仍然隐而未现的结构关系、语义原则和语用环境，它们控制着主要的语法结构的可接受性和使用的得当性。它们与汉语的教学与学习有直接或间接的关系。

其中毕永峨的《"也"在三个话语平面上的体现：多义性或抽象性》一文区别了"也"的三种用法：对称性并列、程度性包容和评价性婉转。"也"的这三种用法应用于三个话语平面，分别关系到话段的命题内容，说话人得出假设、推理和推测的认识世界及说话人的说话情景。

---

① Susumu Kuno. *Functional Syntax: Anaphora, Discourse and Empathy*［M］. Chicago and London: University of Chicago Press，1987.

② 张伯江. 从施受关系到句式语义［M］. 北京：商务印书馆，2009.

对称性并列的例子，如：

大人睡觉，小孩也睡觉。

雨停了，太阳也出来了。

碗也洗了，桌子也擦了，还有什么没做的？

这些例子中的"也"在两个（或更多）值的对称性并列的相似性里进行投射，这些值均来自命题内容。

程度性包容的例子如：

就算你请我坐汽车去，我也不去。

甚至隔壁的老王也买了新房子。

没有人在家，你再敲门也没用。

这一类的"也"表示句中指明的某些值在级阶上的隐含意义，这一值和其他可替换的值在级阶上是根据语言外的标准而排列的。如"隔壁的老王"在该例中表示在说话人的认知世界中是最不应该买房的人，连他也买房了，表示说话人不满意这个事实，或者说话人表达自己没买房子的郁闷情绪。

评价性婉转的例子如：

美国的小孩十几岁时都无法无天，长大了也就懂事了。

在美国，自行车适合用来健身，在此地却有私家汽车的功用，载人又载货。骑术高的犹如表演特技，在人群和车辆间游窜。它们与汽车争途，造成险象环生，却也未酿成车祸。

在评价性婉转的例子中，第一段说话人断言美国少年成长后会懂事，然而在这种特定语境下对美国少年的期望更甚于此：美国少年成长后，期望他们去完成更多的事而不仅仅是懂事。说话人意图有二：一方面确认现实与期望之间的不一致；另一方面，勉强承认两者之间的相似性，对断言的命题施以婉转口气的作用。

第二段中，在该环境下应当出现的情况是自行车与汽车争途会导致车祸。而现实（却无车祸发生）不符合这种推断。然而不论车祸发生与否，危险是确实存在的。同样，口气婉转的"也"用来突出现实情况与推断情况之间的不一致。虽然如此，两者所包含的危险性被确认为共有的特征。

《已然体的话语理据：汉语助词"了"》[①]一文中的几个例子很有意思：

a. 这个木瓜很甜。

b. 这个木瓜很甜了。

不加"了"都是表示一个简单的中性状态，而加"了"表达的意思要多得多。如果说话人想要宣布木瓜甜这一新"发现"，或者说话者预期木瓜不甜，但是尝过之后却很甜，或者预期听者可能会觉得这个木瓜不甜，那么说话人一般会选择加上"了"。

---

① Li, Charles N., Thompson, Sandra A. &Thompson, R. M.The Discourse Motivation for the Perfect Aspect: The Mandarin Chinese Particle LE. (已然体的话语理据：汉语助词"了") [C].徐赳赳，译.// 戴浩一，薛凤生.功能主义与汉语语法.北京：北京语言学院出版社，1994：117-138.

a. 我已经喝了三杯咖啡。

b. 我已经喝了三杯咖啡了。

加上"了"就不是简单的陈述，而是想传达"已经喝了三杯咖啡"这个事实跟当前的情景相关。比如说，你想要他再喝一杯，他告诉你为什么他不能再喝了；或者他认为你预期他不喜欢咖啡而他想说明他非常喜欢咖啡；或者是他想把这一事实当作新闻向你宣布。

这篇文章中，作者说：

为了解释的便利，由"了"表示"当前相关状态"的方式可以归为五种类型，也就是说，带有"了"的句子能传递"当前相关状态"，如果事态是以下五种事态之一的话：

a. 是一种变化了的事态；

b. 修正一种错误的假设；

c. 报告"知道目前为止的进展"；

d. 决定下一步将发生什么；

e. 在当时是说话者在谈话中所讲的全部的话，结束一个陈述。

两组句子，加"了"和不加"了"，表达的客观语义都一样，但是其语用含意却不同。

文章的观点是，在一个句子后加上"了"字，是表示该句子表达的某种事态是与当前相关的。这种相关的具体方式由听者根据自己的知识来决定，这些知识包括他与说话者之间的关系，他们之间相互交谈的情景，以及对一般世界的了解。这篇文章从语用的角度对"了"的解释，既简单明了，又充分完备，体现了语用功能研究的价值。

汉语的词类问题，如果从语用功能来分析，或许也可以为我们提供一个新颖的视角。词的语用功能是指为实现一定的交际目的的词在语句中所担当的指称、述谓、修饰等职能。说话人通过指称行为来指认一个他想要加以说明的对象，又通过述谓行为对这个指称对象加以具体说明。威廉·克罗夫特（william Croft）从跨语言的角度，在词类、语义类、语用功能类三者之间建立起如下的关联标记模式：

词类	名词	形容词	动词
语义类	事物	性质	动作
语用功能类	指称	修饰	述谓

在这个模式中，{名词，事物，指称}，{形容词，性质，修饰}，{动词，动作，述谓}分别构成三个"无标记"（unmarked）组配，而其他组配方式，如{名词，事物，修饰}，{形容词，性质，述谓}，{动词，动作，指称}等，都是不同程度的"有标记"（marked）组配。[①]

一般认为，"名词/动词"是句法范畴，"指称语/陈述语"是语用范畴，前者抽

---

① 沈家煊. 我看汉语的词类［J］. 语言科学，2009，8（1）：1-12.

象，后者具体。从"语法化"的角度看，作为句法范畴的名词/动词，是从指称语/陈述语这样的语用范畴逐渐抽象为句法范畴的结果。汉语里的名词和动词，要说它们是句法范畴，那也是语法化程度不高的句法范畴，它们的语法意义就是"指称"和"陈述"。在词形变化丰富的语言里，动词用作名词时如果都要在形态上表示出来，那么名词和动词的语法化程度就是最高的。印欧语用范畴"指称语/陈述语"经过语法化已经变为句法范畴名词/动词，后者已经与前者分离，变成抽象范畴，而汉语的"名词/动词"还没有完全语法化为句法范畴，至今仍是具体范畴、使用范畴。

（二）认知分析与语用研究

张敏在《认知语言学和汉语名词短语》中归纳了九条认知语言学的基本理念和原则，我们将其中与语用学有关的列举如下：

［1］……句法也并不像生成语法学家所声称的那样是自主的、任意的，而是有动因的（motivated），即往往由语义、认知、功能、语用等句法之外的因素所促动。

［2］……

［3］语义不是基于客观的真值条件，语义结构也不能简单地化解为真值条件的配列，它并非对应于客观的外在世界，而是对应于非客观的投射世界（projected world），并与其中约定俗成的概念结构（conceptual structure）直接相关。概念结构的形成与人的物质经验、认知策略等密切相关。

［4］语义学和语用学形成一个连续统（continuum），二者都作用于语言的意义。语言的意义并不限于语言系统内部，而是植根于人类与世界互动过程中形成的物质经验，植根于说话人的知识和信仰系统。因此，纯语义的知识和百科知识是不能截然分开的。语义是我们总体概念系统的一个部分，不是一个完全独立的模组部分（module）。

［5］由于语言的基本功能是传达意义，故在形式上所做的区分仅当它们反映语义或语用、话语上的分别时才是可取的。

［6］……

［7］对语言规律的形式化以构造形式化作为对语言共性的解释，其实都不是严格意义上的解释，而只描写或模拟（modeling）。对语言共性更有意义的解释往往必须在形式之外寻找，如从语义、表达交际功能、认知能力及策略等方面去探求。

［8］……

［9］……

在张敏列举出的九条基本理念中，"语用"及其相关的概念如"表达交际功能""认知能力和策略""说话人的知识和信仰"等都是语用研究应该去关注的问题。认知语言学和功能语言学派的很多观点和做法为语用学研究提供了非常好的选题，认知功能学派的一些核心术语如"主观性""生命度等级""篇章功能"等都把语用主体、语境引入研究的核心位置。这些研究也促使语言学范畴中的语用研究得到系统、细致的开展。

从语用的角度来分析汉语中的很多句法形式，能取得简洁明了的效果，不仅能摆脱纯粹句法分析的琐碎，也有利于教学上的把握。

沈家煊通过对一个语篇引入话题时两个句式选用情况的考察，说明确实存在三个并行的世界：物理世界、心理世界、语言世界（见图2-3）。更重要的是：语言世界不是直接对应于物理世界，而是有一个心理世界作为中介，这个观点就是"认知语言学"的核心观点。

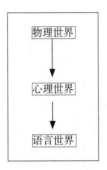

图 2-3　三个并存的世界

认知语言学的这个核心理论实际上告诉我们，句法不是语义的直接投射，而是经过使用者的认知处理之后的句法实现。如果这个假设成立的话，那么很多句法现象就可以被视为语用现象的心理实现。

语言的主观性是一个典型的现象。沈家煊论述了主观处置句、主观得失句、主观认同句，论证了语言主观性的存在，认为在话语中多多少少总是含有说话人"自我"的表现成分，说话人在说出一段话的同时表明自己对这段话的立场、态度和感情，从而在话语中留下自我的印记。

（三）语言演变与语用研究

鲍尔·J.霍伯尔（Paul J. Hopper，以下简称霍伯尔）、伊丽莎白·克劳丝·特拉格特（Elizabeth Closs Traugott，以下简称特拉格特）在《语法化学说》（第二版）第四章中，专门论述了语用因素对语法化的影响和作用。认为会话推理在某些语言形式的语法化进程中扮演着重要的角色。根据定义，既然语用学都是涉及除结构以外的意义，因此许多从事传统形式语法研究很长时间的语言学家把语用学排除在解释演变动机的考虑之外。大卫·W.莱特福德（David W. Lightfoot）认为句法演变是自主的，即独立于语义和语用动机。但是《语法化学说》认为：

语法化可以看作是说话人和听话人参与的意义连续协商的结果。语法化发生的潜在可能性存在于说话人出于情景的需要而试图最大限度地提供信息。意义协商可能会涉及创新，确切地说是语用、语义和最终的语法强化。它在很大程度上是由转喻和隐喻推理诱发的……随着这些创新开始被言语社团的成员所采纳，它们可能会最大限度地趋于符号的简单化，以及最终经历各种缩减，一般是语义淡化、形态黏着和语音磨损。①

霍伯尔、特拉格特认为，说话人的作用一直被认为存在言语信号减少的倾向，例如，通过快速的演说，即导致"信号简单化"的过程，"be going to"简化为"be gonna"就是一个例子。信号减少一般是由表达的惯例化（习语化）导致的。

语法化的动机，如经济性、效率、清晰性、表达性和惯例化等，都与惯用语问题和说话人—听话人的目的相关，即与语用相关，也就是说，它们都和语言与它所使用的语境之间的关系有关。

功能语法学派认为，语言结构之所以如此，完全是适应语言功能的结果，这就是"功能调适"（functional adaptation）的概念：语言结构的演化跟生物的演化一样，是不断适应周围环境的过程。作为外部解释的"功能调适"包括两部分：一是要"成功地"实现语言交流信息的功能，二是要"高效率地"实现这一功能。正是从这个意义上讲，语言学可以视为"演化生物学"的一个分支。

向下的语用学研究，是以语言形式为立足点来观察人类如何将自己对客观世界的解读编码成语言符号系统，如何将自己的主观情感体现在语言符号之中。

将语用学、语义学和语法研究完全割裂开来的想法是一种理想化的思路，这种离散性的方法固然有好处，但是在实际操作中很难得到贯彻，尤其是对语义研究和语用研究而言，会让它们没有了语言形式的依托。正如语用学者们提出的，我们应该先从和句法、语义密切相关的语用结构入手，这样能让语用研究范围逐步清晰起来。语用研究为语义、语法研究提供更为简洁明了的解释，因为语法形式其实是语用功能的具体表达形式，只注重形式而不兼顾语用功能和意义表达，很难深入进行语言形式的解释；而只注重语用功能和语义表达的研究，更难以把语用学和语义学两个语言学新分支建设好。

❓ 思考

以色列语言学家盖伊·多伊彻（Guy Deutscher）的《话/镜：世界因语言而不同》第一段说：

犹太教经典《塔木德》（*Talmud*）中写道："世界上值得使用的语言有四种。希腊语用于歌唱，拉丁语用于征战，叙利亚语用于哀悼，希伯来语用于日常。"

精通若干种欧洲语言的神圣罗马帝国皇帝、西班牙国王、奥地利大公查理五世（Charles V）曾经宣称他"对上帝说西班牙语，对女人说意大利语，对男人说法语，而对我的马说德语"。

你会怎么选择你的语言？什么时候用方言，什么时候用普通话？什么时候用典雅的话语？什么时候用俚俗的话语？

---

① 鲍尔·J.霍伯尔，伊丽莎白·克劳丝·特拉格特.语法化学说［M］.2版.梁银峰，译.上海：复旦大学出版社，2008：122.

参考文献

C.W. 莫里斯. 指号、语言和行为 [M]. 罗兰，周易，译. 上海：上海人民出版社，2011.

David W. Lightfoot. 历时句法学的原则 [M]. 北京：世界图书出版公司，2010.

J. L. 奥斯汀. 如何以言行事 [M]. 北京：商务印书馆，2012.

Li, Charles N., Thompson, Sandra A. &Thompson, R. M. The Discourse Motivation for the Perfect Aspect：The Mandarin Chinese Particle LE.（已然体的话语理据：汉语助词"了"）[C]. 徐赳赳，译. //戴浩一，薛凤生. 功能主义与汉语语法. 北京：北京语言学院出版社，1994.

Stephen C. Levinson. *Pragmatics* [M]. Cambridge：Cambridge University Press, 1983.

Susumu Kuno. *Functional Syntax: Anaphora, Discourse and Empathy* [M]. Chicago and London: University of Chicago Press，1987.

鲍尔·J. 霍伯尔，伊丽莎白·克劳丝·特拉格特. 语法化学说 [M]. 2版. 梁银峰，译. 上海：复旦大学出版社，2008.

毕永峨. "也" 在三个话语平面上的体现：多义性或抽象性 [C]. 胡壮麟，译. //戴浩一，薛凤生. 功能主义与汉语语法. 北京：北京语言学院出版社，1994.

戴浩一，薛凤生. 功能主义和汉语语法 [C]. 北京：北京语言学院出版社，1994.

戴维·克里斯特尔. 现代语言学词典 [M]. 沈家煊，译. 北京：商务印书馆，2004.

恩斯特·卡西尔. 人论 [M]. 甘阳，译. 上海：上海译文出版社，2017.

盖伊·多伊彻. 话/镜：世界因语言而不同 [M]. 北京：清华大学出版社，2014.

金圣叹. 金圣叹批评本水浒传：下册 [M]. 长春：长春出版社，2014.

老舍. 茶馆 [M]. 成都：四川人民出版社，2017.

吕叔湘. 汉语文法要略 [M]. 北京：商务印书馆，2014.

沈家煊. 汉语的主观性和汉语语法教学 [J]. 汉语学习，2009（1）：3-12.

沈家煊. 名词和动词 [M]. 北京：商务印书馆，2016.

沈家煊. 我看汉语的词类 [J]. 语言科学，2009，8（1）：1-12.

王宁. 汉语语言学与语文教学 [J]. 中国社会科学，2000（3）：169-178.

维索尔伦. 语用学诠解 [M]. 北京：清华大学出版社，2003.

徐大明. 约翰·甘柏兹的学术思想 [J]. 语言教学与研究，2002（4）：3-8.

杨成凯. 语用学理论基础研究 [C]//中国社会科学院语言研究所 "汉语运用的语用原则" 课题组. 语用研究论集. 北京：北京语言学院出版社，1994.

张伯江. 从施受关系到句式语义 [M]. 北京：商务印书馆，2009.

张敏. 认知语言学和汉语名词短语 [M]. 北京：中国社会科学出版社，2003.

中国社会科学院语言研究所词典编辑室. 现代汉语词典 [M]. 6版. 北京：商务印书馆，2012.

中国社会科学院语言研究所词典编辑室. 现代汉语词典 [M]. 7版. 北京：商务印书馆，2016.

第三章

言语行为和构成性规则

这就是我们全部问题的关键：命题语言与情感语言之间的区别，就是人类世界与动物世界的真正分界线，一切有关动物语言的理论和观察如果没有认识到这个基本区别的话，那就是都没有抓住要害。在有关这个问题的所有文献中，似乎还没有一篇能确实地证明，任何动物曾跨出过从主观语言到客观语言、从情感语言到命题语言这个决定性的一步。[①]

各种语言之间的真正差异并不是语音或记号的差异，而是"世界观（weltansichten）"的差异。一种语言并不只是语辞的机械聚合。把语言割裂为许多语词，就会把语言弄得支离破碎。这种做法对语言现象的任何研究来说如果不是灾难性的，至少也是有害的。洪堡坚持认为，语词，以及根据我们的普通概念组成语言的各种规则，实际上只能存在于连贯的言语行为之中。把它们看作分离的实体，"只不过是我们笨拙的科学分析所带来的死板产物"。语言必须被看成是一种能（energeia），而不是一种功（ergon）。它并不是现成的东西，而是一个连续的过程。它是人类心灵运用清晰的发音表达思想的不断反复的劳作。[②]

第一节　言语行为理论

一、言语行为的概述

（一）言语行为的定义

现代语言学认为，人们运用语言进行交际，来实现某一特定的交际意图（如陈述、询问、命令、邀请、宣判、祝贺、感谢等），这实际上是在完成一种行为，这种行为被称为言语行为。

"现在我宣布会议正式开始"，这个句子有两重意义：第一，说话人说出了这个句子（陈述句）；第二，说话人同时也在宣布会议的开始，这句话说出来之后，外部世界就受到影响，比如原来乱哄哄的会场变得安静下来，大家不再自由走动或者谈

---

① 恩斯特·卡西尔.人论［M］.甘阳，译.上海：上海译文出版社，1985：38.
② 恩斯特·卡西尔.人论［M］.甘阳，译.上海：上海译文出版社，1985：154-155.

论，而是进入会议议程。这种能用来作为行动的话语被英国语言哲学家奥斯汀称为言语行为话语。学会如何用言语来完成某一特定的行为，是汉语言文学专业人员必须掌握的一项最基本技能。

请问佛教中的六字真言"唵嘛呢叭咪吽"是什么意思？佛教徒们念着这六字真言是在做什么？这两个问题，哪个更有实际意义？

语用学的一个主要目的是了解人类的语言行为，我们可以用语言来做哪些事情，了解各种言语行为必须遵循哪些规则，需要有哪些适宜的条件？

言语行为理论希望我们能完成两个转变：

（1）说话，不仅是说一件事，更是做一件事，说话就是在做事，言即行；

（2）从关注语言的真假值到关注语言的适当性。

（二）言语行为和人类行为的关系

"说"和"做"究竟是什么关系？"语言表达"和"人类行为"究竟有什么关系？ 我们先看人教版《语文》（七年级下册）中臧克家的《说和做——记闻一多先生言行片段》开篇：

"人家说了再做，我是做了再说。"

"人家说了也不一定做，我是做了也不一定说。"

在闻一多先生看来，"说"和"做"似乎是两种截然不同的行为，我们经常批评某些人"说了就等于做了""说话的巨人行动的矮子"，可见"说"肯定不等于"做"。但是我们继续读这篇课文：

不动不响，无声无闻，一个又一个大的四方竹纸本子，写满了密密麻麻的小楷，如群蚁排衙。几年辛苦，凝结而成《唐诗杂论》的硕果。

他并没有先"说"，但他"做"了，做出了卓越的成绩。

"做"了，他自己没有"说"。他又由唐诗转到楚辞。十年艰辛，一部《校补》赫然而出。别人在赞美，在惊叹，而闻一多先生个人呢，也没有"说"。他又向"古典新义"迈进了。他潜心贯注，心会神凝，成了"何妨一下楼"的主人。

……

作为争取民主的战士，青年运动的领导人，闻一多先生"说"了。起先，小声说，只有昆明的青年听得到；后来，声音越来越大，他向全国人民呼喊，叫人民起来，反对独裁，争取民主！

他在给我的信上说："此身别无长处，既然有一颗心，有一张嘴，讲话定要讲个痛快！"

他"说"了，跟着的是"做"。这不再是"做了再说"或"做了也不一定说"了。现在，他"说"了就"做"。言论与行动完全一致，这是人格的写照，而且是以生命作为代价的。

1944年10月12日，他给了我一封信，最后一行说："另函寄上油印物二张，代表我最近的工作之一，请传观。"

这是为争取民主，反对独裁，他起稿的一张政治传单！

我们在阅读这篇文章的时候，要注意两个核心概念——"说"和"做"，作者通篇都用双引号标识，看看闻一多先生的"做"都有哪些具体内容：

几年辛苦，凝结而成《唐诗杂论》的硕果。

十年艰辛，一部《校补》赫然而出。

这是为争取民主，反对独裁，他起稿的一张政治传单。——"代表我最近的工作之一"。

作为一个学者，他的主要工作自然是研究和写作；作为一个大勇的革命烈士，他用他的演讲向全国人民呼喊，叫人民起来，争取民主；闻一多先生主要的"做"还是以语言为载体来完成的。

文章的倒数第三段：

他"做"了，在情况紧急的生死关头，他走到游行示威队伍的前头，昂首挺胸，长须飘飘，他终于以宝贵的生命，实证了他的"言"和"行"。

狭义的"说"是指口头表达，而"言"是指以语言为工具的行为，还包括书面表达，不论是"说"还是"写作"，都是人类行为的重要组成部分，人类的很多行为是要通过语言来完成的。言语行为理论最核心的理念是：言即行，人类有一种重要的行为叫言语行为，"言"和"行"不是一种对立关系，而是一种包含关系。

人教版普通高中课程标准实验教科书《语文》（第4册）"逻辑和语文学习"中说：

概念与概念之间的关系，主要有"全同关系""包含关系""交叉关系""矛盾关系"和"反对关系"这么几种，后两种关系又叫全异关系。

用文恩图（见图3-1）来表示，一目了然：

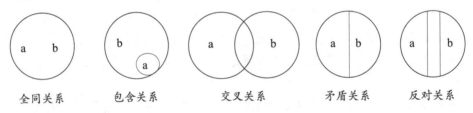

全同关系　　　　包含关系　　　　交叉关系　　　　矛盾关系　　　　反对关系

图3-1　概念间相互关系文恩图

奇数和偶数是矛盾关系，两者有清晰的界限，汉语中的"男"和"女"概念也是矛盾关系，两者的界限是清晰的。但是大家想想英语中的"man"和"woman"两个概念是什么关系？其实从语义学上来看，"woman"都是"man"，对不对？由此可以看出汉语和英语在一些词语概念界定上的差异。

当然，我们平时把"言"和"行"分立，也没什么大问题，汉语成语中有"言行一致""言行不一""听其言观其行"等，这里的"行"，可能更多的是偏重于品行、德行，但从逻辑分类来看，"言"包含于"行"，言语行为是人类生活中非常重要的一种行为。

二、言语行为的提出

语用学的研究肇端于语言哲学，代表人物是奥斯汀和维特根斯坦。语用哲学不再关注语言规范，而是聚焦于人们的日常会话，即人们之间的语言游戏，语用哲学家的座右铭是"所言即所行"。"言语行为"是语用学理论体系中的一个基础概念，"言即行"，看似很简单的一个道理，却是语言建构和运用的核心，只有认识到"言语"是一种行为，才能将其和"语言"区分开来。语言，是从言语中概括出来的属于全社会的各语言要素有规则、有系统的集合；言语是说话的人、写作的人在实际情境中组织的具体话语，《课程标准》中提出的"语言建构与运用"的具体目标，就是要在具体的语言情境中，运用口语和书面语文明得体地进行表达和交流，能将具体的语言文字作品置于特定的交际情境和历史文化情境中理解、分析和评价，同时要求能够将积累的语言材料和学习的语文知识结构化，将言语活动经验逐渐转化为具体的学习方法和策略，并能在语言实践中自觉地运用。

言语行为理论是由维特根斯坦和奥斯汀两位学者提出的，他们针对分析哲学提出了不同意见。分析哲学家伯特兰·阿瑟·威廉·罗素（Bertrand Arthur William Russell，以下简称罗素）认为自然语言中存在着诸多歧义与不确定性，不能很好地表达哲学命题，可能会造成悖论，主张创造精确的人工语言系统，建立所谓的"理想语言"，并且认为一个命题如果不能检验真假，那么该语句是没有意义的，这就是真值条件语义学的语言意义论。语用哲学家们反对分析哲学家提出的真值条件语义学，认为语言不仅仅是用来表达命题真假的，语词也不仅仅是为了指称对应的事物，人们使用语句，是用来完成各种各样的行为的。

（一）维特根斯坦：意义即用法的语言游戏说

维特根斯坦不满意罗素的分析哲学观点，在他的《哲学研究》中，从批评圣·奥勒留·奥古斯丁（Saint Aurelius Augustinus，以下简称奥古斯丁）《忏悔录》中"含义即语词所代表的对象"的观念开始，提出应该将语言和活动编织成一片，所组成的整体就是"语言游戏"，而且认为"想象一种语言就叫作想象一种生活形式"。他在《哲学研究》第27小节中说：

"我们给事物命名，然后我们就可以谈论事物；在谈论中指涉他们。"——似乎一旦命名，下面再做什么就都给定了。似乎只有一种事情叫作"谈论事物"。其实我们用句子做着各式各样的事情。我们只须想一想各种呼叫。它们起着完全不同的作用。

水！

走开！

啊唷！

救命！

好极了！

不！

你仍然要把这些词语都称作"为事物命名吗"？①

维特根斯坦提出著名的"语言游戏"说，他在《哲学研究》第23小节中说：

"语言游戏"这个用语在这里是要强调，用语言来说话是某种行为举止的一部分，或某种生活形式的一部分。②

他还举了很多例子来说明语言游戏的多样性：下达命令、描述事物、报道一个事件—对着事件的经过做出推测—提出及检验一种假设、编故事、猜谜、翻译、请求、感谢、谩骂、问候、祈祷，他说：

把多种多样的语言工具及对语言工具的多种多样的用法，把语词和句子的多种多样的种类同逻辑学家们对语言结构所说的比较一下，那是很有意思的（包括《逻辑哲学论》的作者在内）。③

维特根斯坦以建筑工人说"板石""锤子"这些词语的时候，意义并不是这些词语所代表的对象，而是要别人拿一块板石、一个锤子给他。维特根斯坦不同意在这个场景中，"板石"是一个省略句，相反，他问道：

但我为什么不应该反过来把"拿给我一块板石"称作"板石"这个句子的扩展？因为你喊"板石"，真正意味的是"拿给我一块板石！"——④

的确，我们是通过掌握一个语句的用法来学习语句的意义的，我们不可能通过背诵词典、句典来学习语言，只有你掌握语句在实际语境中的各种用法，才算是掌握了这门语言。语文教学的核心任务是语言建构与运用，也就通过学习经典篇目掌握语词、句式的用法，而不是背诵词语解释、句法规则。每个语文教师都应该记住：语言符号的生命在于它的用法，而任何一个时代在理解语言的用法上，不仅要结合具体的上下文语境，还要考虑那个时代的文化理念和社会制度。

（二）奥斯汀的《如何以言行事》

奥斯汀在他的《如何以言行事》一书中提出，自然语言本身也是完备的，在日常生活中，人们使用语言的目的并非总是表达一个或真或假的命题，在很多时候是实施各种行为，比如：

［例3-1］我宣布第23届运动会现在开幕！

［例3-2］我明天一定把钱还给你。

［例3-3］你别忘了帮我拿快递。

这些语句不是描述客观世界，而是用语言来完成社会行为，［例3-1］中"我"用这个句子完成了一个宣告行为，［例3-2］是承诺行为，［例3-3］是一个指令行为，这些句子并不是描述客观世界，奥斯汀把这类句子叫作施为句，是超越语义真值条件的语言运用。

---

① 维特根斯坦.哲学研究［M］.陈嘉映，译.北京：商务印书馆，2001：21.
② 维特根斯坦.哲学研究［M］.陈嘉映，译.北京：商务印书馆，2001：19.
③ 维特根斯坦.哲学研究［M］.陈嘉映，译.北京：商务印书馆，2001：19.
④ 维特根斯坦.哲学研究［M］.陈嘉映，译.北京：商务印书馆，2001：14.

至于文学作品中，就存在更多各种各样的施为句了。比如人教版《语文》（七年级下册）《假如生活欺骗了你》中有这样的例子：

［例3-4］假如生活欺骗了你，

不要悲伤，不要心急！

［例3-4］的这两句诗，第一个小句是假设，假设可以是对过去的假设，也可以是对现在的假设，还可以对未来进行假设，"生活欺骗你"是个命题，但是作为一个假设，我们无法验证它的真假值；"不要悲伤，不要心急"则是一个建议或者请求，建议、请求、命令等都是对未来行为的期待，也无法验证真假，但是这些都是语言运用中的常见现象。

约翰·奥斯汀进而提出语言中有陈述句和施为句的区分，陈述句用来报道、描写某一客观存在的事态或事实，这些陈述是可以被验证的，具有真假值。比如人教版《语文》（八年级下册）《阿西莫夫短文两篇》中《恐龙无处不有》中有这样一段文字：

［例3-5］在1986年1月，阿根廷南极研究所宣布在詹姆斯罗斯岛发现了一些骨骼化石。该岛是离南极海岸不远的一小片冰冻陆地，非常靠近南美的南端。这些骨头毫无疑问属于鸟臀目恐龙。

这样一段话，每个命题都是可以验证其真假的，我们可以去查询相关档案，弄明白当时阿根廷南极研究所有没有宣布这一发现，该岛的位置也可以通过考察确定清楚，"这些骨头毫无疑问属于鸟臀目恐龙"这个命题应该是经过专家验证的，有些命题的"真"是我们普通人都可以去验证的，但有些命题我们却只能向各类专家求证，专家的证明有些是可信的，但有些专家的证明可能出于各种原因，最终被确认是错误的。关于陈述句的真假值问题，以及事实、非事实、反事实的表达问题，我们留到后面的章节再具体分析。

施为句的作用是用来实施某个行为，创造一个新的事态以改变世界状况，不具备真假值，无法检验其真假。但实际上，陈述句也可以用来施为，一个孩子说："爸爸，我好累啊，走不动了。"看起来是在陈述一个事实，其实是在请求爸爸抱他或者背他，不也是在施行一种言语行为吗？

我们陈述某些事实，描写一个场景，其实都不是为了陈述而陈述、为了描写而描写，正像所有的恨都有被恨的对象，所有的爱都有被爱的对象一样，言语行为有其对象，因此言语行为的一个最基本特征便是——意向性。

有人统计，我们日常语言中无法验证真假值的表达并不比可以验证真假值的表达少，不信我们可以统计一下我们的日常对话，是陈述句多，还是指令句、表情句多呢？后来的语用哲学家们如约翰·塞尔逐渐取消了这种陈述句和施为句的二元对立，认为陈述句也是一种施为句，进一步按照话语表达意向性对言语行为进行系统分类。

言语行为是指人们在社会规则和文化惯例框架中完成的有意图的交际行为。接下来，我们便主要讨论言语行为的意向性、言语行为的类型和言语行为的构成性规则。

第二节　意向性理论

一、什么是意向性

树叶在瑟瑟秋风中发出声音，蝉鸣、狗叫、孩子哭、祥林嫂唠叨着"我真傻"、恋人喃喃絮语、政客在台上有口无心地发言、闻一多的最后一次演讲，这些声音都是语言吗？

树叶发声，是摩擦之声，并不是为了感动文人墨客；树叶无意识，就不可能有所指向。至于蝉有没有意识，得请动物学家告诉我们，据说蝉鸣其实是鼓膜震动发出的声响；狗叫应该比蝉鸣更有意识性，甚至有所指向，比如有陌生人入侵，或者吸引异性；有些婴儿的哭，是有意识的，但无所指向，虽说"会哭的孩子有奶吃"，但可能只是饿了、冷了，并不是有意识地为了吃奶、加衣服；祥林嫂不停地唠叨，是因为受了丧子刺激，下意识中不停念叨，已经出现了精神问题；恋人喃喃絮语，有意识，但可能没有什么关涉，也没有什么目的，只要两个人在一起就好；政客在台上当然是有意识的，但是不是所有的政客发言都有目的，都有指向，就很难说了；而闻一多先生的最后一次演讲，是有意识地经过认真准备的，有所指向的，也有明确的目的。

意大利哲学家弗朗茨·布伦塔诺（Franz Brentano，以下简称布伦塔诺）将所有的现象分为物理现象和心理现象，两者的主要差别是是否具有意向性。意向性是一切心理现象都具有的基本特征，意识表示对某实在或非实在的东西的心理认知，物理现象本身没有意向性。

请思考下列句子中提及的人的状态或行为有何不同：

[例3-6]放在暗屋子里就哭的宝儿，点亮了灯哭声就止住了。[人教版《语文》（八年级下册）《灯笼》]

[例3-7]痛苦和欢乐，生活和梦幻，摆脱和追求，都在这舞姿和鼓点中，交织！[人教版《语文》（八年级下册）《安塞腰鼓》]

[例3-8]我们要进一步加强物候观测，懂得大自然的语言，争取农业更大的丰收。[人教版《语文》（八年级下册）《大自然的语言》]

这三个句子哪些具有意向性？

[例3-6]中宝儿的哭声，应该是婴儿意识到黑暗，感到恐惧，但这哭声是不是为了让大人点亮灯呢？[例3-7]"痛苦和欢乐"是有意识的，是因为关涉某些事某些人而痛苦或者欢乐，但是没有目的；"生活和梦幻"，有意识，有关涉，有些人有目的地生活，有些人没有目的地生活，而做梦则是没有目的的。[例3-8]"物候观测"则有意识，有关涉，还有明确的目的——争取农业更大的丰收。

本书主要讨论语用学和语文教学的关系，不关注自然现象，如果用关涉性、刻意性、意识性三个特征来对人类各种行为或者状态进行分类，可以粗略地分成以下几类，如表3-1所示。

表3-1 以关涉性、刻意性、意识性三个特征对人类行为或状态的分类

行为或状态举例	关涉性	刻意性	意识性
生理现象：打喷嚏、做梦、说梦话	—	—	—
下意识行为：某些口误	+	—	—
"不存在"此类行为，无意识则不可能有目的	+	+	—
沉默寡言、莫名焦虑时的自言自语	—	—	+
"不可能存在"此类行为，无意识则不可能有目的	—	+	—
拿破仑为了赢得战争，接受损兵折将数千人，但绝非刻意让将士们去死	+	—	+
正常的交际表达	+	+	+

但是在文学作品中，"以我观物，故物皆著我之色彩"，如陆游的《卜算子·咏梅》：

> 驿外断桥边，寂寞开无主。已是黄昏独自愁，更着风和雨。
> 无意苦争春，一任群芳妒。零落成泥碾作尘，只有香如故。

该词是描写物理现象还是心理现象呢？

梅花在寒冬开放，是物理现象，"寂寞""愁""争春""妒"皆为心理现象，只是这些心理现象在意向性强弱方面有所不同。

陶渊明的"采菊东篱下，悠然见南山"是"悠然望南山"还是"悠然见南山"，众说纷纭。如果从意向性强弱程度来看，"望"是有目的的行为，"见"是无目的行为，从整首诗的意境上看，似以意向性偏弱者为佳。

二、意向性：走向真实的语言世界

意向性问题历经众多哲学家的研究，最初重在对精神与物质世界的探讨，现在愈来愈关注真实的语言世界。塞尔在《意向性——论心灵哲学》一书中提出意向性属于心灵，心灵通过意向，意向通过言语行为使人类和外部世界联系在一起。塞尔认为对言语和语言的任何一种完整的说明都要求说明心灵、大脑是如何将有机体与实在关联起来的，他说：

> 由于语句——发自人之口的声音，或者说是我们在纸上所作的记号——从一个方面考虑，和其他对象一样都只是世界上的对象，因而它们的表征能力不是内在的，而是源自心灵的意向性。从另一方面说，心理状态的意向性不是得自某些还要占先的意向性形式，而是内在于这些状态本身。一个行动者使用一个语句做出一个陈述或提出一个问题，但他并没有以这种方式使用他的信念和愿望，他只是拥有它们罢了。语句是将表征能力施于其上的语法对象：信念、愿望以及其他意向状态并不是

这样的语法对象（尽管它们可以，并且通常都是通过语句来表达的），而且它们的表征能力不是被施加的而是其本身所有固有的。所有这些都与下述事实相容：语言本质上是一种社会现象，而作为语言之基础的意向性的各种形式乃是社会的形式。①

他认为在一定的视角下，各种语句与其他客体一样，同为世界的物质，不过是一种声响或书写标志。语言符号被使用来表达说话者的意向，语言符号的意向性派生于心智的意向性，语言交流的一个重要特征就是具有意向性。

白居易在《新乐府序》中说：

凡九千二百五十二言，断为五十篇。篇无定句，句无定字，系于意，不系于文。首句标其目，卒章显其志，《诗三百》之义也。其辞质而径，欲见之者易谕也。其言直而切，欲闻之者深诫也。其事核而实，使采之者传信也。其体顺而肆，可以播于乐章歌曲也。总而言之，为君、为臣、为民、为物、为事而作，不为文而作也。②

白居易在编《新乐府》时，就有很明确的意向性，"为君、为臣、为民、为事而作，不为文而作也"，语文教学要注意学习的意向性，学习是一种有意识、有目的、有计划的行动，中学语文课本中的记叙文，每一篇都有教学意图，人教版《语文·教师教学用书》（七年级下册）第一课《邓稼先》提出的教学设计思路如下：

在学生充分预习的基础上进行精读教学，指导学生抓住关键句子和词语理解课文内容，对邓稼先的性格、品质等形成认识，同时要关注作者身份的特殊性，进而关注文章的写作角度、情感表达、语言风格。学习这样一篇充满正能量的文章要充分发挥其价值观的引领作用，培养学生的爱国情怀和其他崇高情感，触动学生思考生命的价值和意义。

该册第二课《说和做——记闻一多先生言行片段》的教学设计思路：

教给学生精读文章的方法与策略，引导学生学会阅读此类写人的文章，通过捕捉文中关键词语和句子，厘清文章的思路，理解作者的情感与思想，揣摩文章独特的语言魅力；了解闻一多先生的人生历程、学识、品质，体会其人格魅力。

不仅每篇文章都有指向文章内容之外的学习意图，每个单元也有明确的编写意图和教学意图。如人教版《语文》（七年级下册）第二单元的教师教学用书明示其编写意图如下：

体会作品的抒情方式是本单元的学习重点之一。抒情方式，即抒发感情的形式，大致可分为直接抒情和间接抒情两类。直接抒情，也叫直抒胸臆，是直接对人物和事件等表明爱憎态度的抒情方式。例如，《黄河颂》……间接抒情，就是不直接抒情，而是在叙述、描写、议论中渗透自己的情感，例如，《老山界》……

学习做批注，是本单元的另一个学习重点。

---

① 约翰·塞尔.意向性——论心灵哲学[M].刘叶涛，译.上海：上海人民出版社，2007：导言1-2.
② 陈伯海.唐诗学文献集粹.[M].上海：上海古籍出版社，2016：117.

三、意向性与认知建构

所谓语言交际，它的一个最基本特征是表达和辨识意向，言者所言及其表达方式，都是为了让听话人产生指向说话人的意向。信念和意向决定着人们如何使用语言及使用语言去达成什么目的。金圣叹在评点《水浒传》前写的《读第五才子书法》提出了69条读书法，摘其要者如下：

大凡读书，先要晓得作书之人是何心胸。如《史记》，须是太史公一肚皮宿怨发挥出来，所以他于《游侠》《货殖》传特地着精神，乃至其余诸记传中，凡遇挥金杀人之事，他便啧啧赏叹不置。一部《史记》，只是"缓急人所时有"六个字，是他一生著书旨意。《水浒传》却不然。施耐庵本无一肚皮宿怨要发挥出来，只是保暖无事，又值心闲，不免伸纸弄笔，寻个题目，写出自家许多锦心绣口，故其是非皆不谬于圣人。后来人不知，却于《水浒》上加"忠义"字，遂并比于史公发愤著书一例，正是使不得。

……

《水浒传》章有章法，句有句法，字有字法。人家子弟稍识字，便当教令反复细看。看得《水浒传》出时，他书便如破竹。

……

看来作文，全要胸中先有缘故。若有缘故时，便随手所触，都成妙笔；若无缘故时，直是无动手处，便作得来，也是嚼蜡。

……

吾最恨人家子弟，凡遇读书，都不理会文字，只记得若干事迹，便算读过一部书了。虽《国策》《史记》都作事迹搬过去，何况《水浒传》。[1]

上面这些要点是摘取自金圣叹在评点《水浒传》前写的《读第五才子书法》，写一篇文章，其实就是作者把自己知识、情感、态度、心胸、意图用读者所能接受的方式以文字形式表现出来，而读者在理解一篇文章的时候，又根据自己的知识（语言知识、文化知识等）对文章进行解读，在解码信息的过程中认同或者批评作者的思想情感，最终建构起自己的认知模式，加强自己的表达能力，做出自己的行为选择。

我们读一篇文章，或者是听一段话，首先要从篇章中解读出作者的意图，或者是我们受这篇文章的启发，产生了哪些行动或者建构了哪种新的认知。我们通过阅读作品来建构作者形象，更重要的是，在阅读中建构自我形象，建构关于某个方面的知识体系，建构一种新的社会关系。

我们在写一篇文章之前，要考虑的是通过这篇文章能给读者怎样的知识，要建构一个怎样的自我形象；希望读者在阅读这篇文章之后，采取怎样的行动，建构一种怎样的社会关系，一种怎样的认知框架。

---

[1] 金圣叹.金圣叹批评本水浒传：下册［M］.长春：长春出版社，2014：16-18.

言语行为的意向性主要是引发行动，建构认知模式和社会关系。有些言语行为是为了让语言使用者采取行动，比如命令句让受话人做某事，承诺句是说话人自己要去做某事；有些话语文章是为了告知对方一些新的信息，也有些话语是为了建构交际双方之间的人际关系，塑造新的社会关系。比如道歉信是说话人在犯错之后主动去承担过失、说明原因、弥补过失，祝贺信是因为对方取得了某些成就，分享他的成功，对他的成功意义进行判断，号召大家来学习他的精神和做法，鼓励获得成绩者进一步努力，取得更大的成就。

大家发现近些年的广告和以前的广告有什么不同的了吗？早些年的广告大部分都是催促读者或观众抓紧时间去购买某些产品，承诺实行质量三包，如假包换等。现在的广告铺天盖地，有些广告已不是单纯宣传某种产品，而是宣传某个品牌，广告语不再是简单地激发消费者的购买行动，而是建构认知。

文学语言的意向性可能不像请假条、倡议书那样明确，但是作为一种心理现象，它一定是有自己的意向性的。希利斯·米勒（Hillis Miller，以下简称米勒）的《文学死了吗》说文学作品的特征一是陌生性，每个都是特别的、自成一类的、陌生的、个体的、异质的；特征二是"文学是施行语言"，米勒说：

既然文学指称一个想象的现实，那么它就是在施行（performative）而非记述（constative）意义上使用词语。"施行"和"记述"是来自言语行为理论的术语……文学中的每句话，都是一个施行语言链条上的一部分，逐步打开在第一句话后开始的想象域。词语让读者能达到那个想象域。这些词语以不断重复、不断延伸的话语姿势，瞬间发明了同时也发现了（即"揭示了"）那个世界。

但文学作品打开的想象世界，不仅是让读者"能接触到"。文学作品中词语的施行维度，要求读者做出回应。正确的阅读是积极的参与。它要求读者默默地决定尽出全力，让这作品作为自成一体的想象空间活起来。面对作品的呼唤，读者必须说出另一个施行的言语行为："我保证相信你。"麦尔维尔（Herman Melville）《大白鲸》著名的开篇句子，就明确表示了双重的施行——"要求"呼吁着"回应"。这也是那种能让想象人物活起来的一句话："叫我以实玛利。"……默默说出第一个回应的施行句，就是正式接受了契约。这样说"同意"，就是那个"芝麻开门"，让读者能进入麦尔维尔这部巨作的其余部分。如果你同意叫这个叙述者以实玛利，你就能进入作品。否则就不同。要求读者接受某一作品的特殊规则，对这一要求做出这样的肯定回应，这对所有阅读行为来说都是必要的。[1]

一般人都认为文学作品是没有实际目的的，纯粹审美的，但是审美也是一种目的，我们阅读一篇虚构的作品，必须和作者达成协议，回应作者的召唤，如果我们说："你看曹雪芹又在瞎掰什么空空道人、太虚幻境了"，那我们根本就无法进入《红楼梦》所建构的艺术世界。

---

① 希利斯·米勒.文学死了吗［M］.桂林：广西师范大学出版社，2007：57-58.

第三节　言语行为的类型

先看人教版《语文·教师教学用书》（八年级下册）中对吴伯箫的《灯笼》问题探究部分提出的问题：

课文怎样综合地运用多种表达方式？

描写、叙述、议论和抒情融为一体，自然而然地交错进行，创造了散文的艺术境界。

第1段开头说："虽不像扑灯蛾，爱光明而至焚身，小孩子喜欢火，喜欢亮光，却仿佛是天性。"这是议论，接下来说"放在暗屋子里就哭的宝儿，点亮了灯哭声就止住了"，这是叙述。这种先议后叙，就是叙与议的结合。

第2段叙述早年乡村"灯笼"的一个个影像，末了说："真的，灯笼的缘结得太多了，记忆的网里挤着的就都是。"这是议论，既总结这一段的内容，又表明了脑中相关记忆之丰满，表达一种怀念的情感。

第3段叙述祖父外出半夜回家的情景，最后说："那种熙熙然庭院的静穆，是一辈子思慕着的。"这是议论，如前所述，"静穆"写出了环境氛围，"思慕"抒发了深厚的情感。

最重要的叙议结合是在课文末尾，在叙述"塞外点兵""吹角连营""将军在挑灯看剑"及历史上几位保家卫国将领之后，顺势发出誓言："你听，正萧萧班马鸣也，我愿就是那灯笼下的马前卒。"这是议论，抒发情感，表明心愿。最后一段同样是议论："唉，壮，于今灯笼又不够了。应该数火把，数探海灯，数燎原的一把烈火！"顺承上一段的意思进一步抒情明志，强化了课文的主题表达，提升了课文的思想境界。如果舍去最后一段，仅有上一段的抒情明志，那么情感表达过于隐晦，文章主旨趋于含混。

总之，课文不论是从叙到议，还是从议到叙，都是自然融洽地过渡转换的，丝毫不见生硬的拼凑。夹叙夹议，叙议有机结合，是散文常见的写作方法，在本文中体现得非常充分。不过本文的特异之处，在于以叙为主，以议为辅，给读者以更多的形象感，点明段意和文意的抒情句、议论句很少，这是吴伯箫的散文风格。

不知道读者们是不是同意以上说法，这些叙述、描写、议论、抒情的分类是有什么分类标准，还是根据感觉来分类的？"我愿就是那灯笼下的马前卒"真的是一句誓言吗？誓言和愿望真的一样吗？

的确，叙事、描写、议论、抒情等是主要的言语行为类型，如果我们承认所有的话语表达都是言语行为的话，那么进一步就得追问言语行为究竟有多少类？我们怎么来分类？

一、奥斯汀的言语行为分类

奥斯汀在《如何以言行事》中提出言语行为三分说，他认为一个言语行为由三个层面构成：以言表意行为、以言行事行为、以言取效行为。

（一）以言表意行为

以言表意可以理解为一个句子总是表达某种意义，这是从语义学层面对语句的认识，包括发出声音、组成句子、表达一个完整的命题，比如：

［例3-9］带上她的眼睛

我们如果只是在语言形式层面发出一串声音，说出这个词组，我们也可以理解这是一个命题：某人带上一个女人的眼睛。

（二）以言行事行为

以言行事行为则是指在某一具体语境中，说话人通过明确的话语形式表达他的意图、目的，并希望能在受话人（听者和读者）那里发挥效果。

"带上她的眼睛"这个词组只有进入某个具体语境才能发挥交际效果，比如一个黑社会老大对他的喽啰说："去，杀了那个疯婆子，带上她的眼睛回来见我！"只有在这个恐怖的语境中，这个词组才算是有了交际功能，按照语用学的观点，交际的最小单位是言语行为。

（三）以言取效行为

以言取效行为是指话语在受话人的思想、行为、情感、态度等方面产生影响的结果。比如人教版《语文》（七年级下册）中《孙权劝学》：

初，权谓吕蒙曰："卿今当涂掌事，不可不学！"蒙辞以军中多务。权曰："孤岂欲卿治经为博士邪！但当涉猎，见往事耳。卿言多务，孰若孤？孤常读书，自以为大有所益。"蒙乃始就学。及鲁肃过寻阳，与蒙议论，大惊曰："卿今者才略，非复吴下阿蒙！"蒙曰："士别三日，即更刮目相待，大兄何见事之晚乎！"肃遂拜蒙母，结友而别。

这段选文中，孙权劝说吕蒙要多涉猎、学习，了解历史，吕蒙接受了孙权的建议，开始学习，并取得了令人刮目相看的效果，"非复吴下阿蒙"正是孙权的话语在受话人吕蒙行为、思想、态度等方面产生的影响。

德国哲学家哈贝马斯在《交往行为理论》对奥斯汀所区分的三种行为概括如下：

以言表意是有所表达；以言行事是通过表达，有所行动；以言取效是通过表达，有所行动，进而有所生效。[①]

二、塞尔的言语行为分类

作为约翰·奥斯汀的学生，塞尔对老师的理论加以发挥，认为所有的语言实践都与言语行为有关，言语行为是人类言语交际的基本单位，语言理论实际上就是行为理论，说话是一种受规则制约的实施行为的方式。这一点也是语用学与传统语言学最大的不同所在，传统语言学认为词语和句子是交际的基本单位。

[①] 哈贝马斯. 交往行为理论：第一卷［M］. 上海：上海人民出版社，2018：365.

按照以言行事的意图和目的，塞尔对言语行为进一步做出分类，把言语行为分为以下五种。

（一）告知类言语行为

作为一种真实性要求，传达一种认知或陈述一种立场，比如叙事、描写、思考、相信、判断、推理等；否定这种行为，意味着读者对作者提出的真实性产生了疑义。

（二）承诺类言语行为

作为一种自我约束，言语者自身承担起未来行为的义务，比如宣誓就职、签订合同、结婚誓词、下军令状、打包票等；否定这种行为，意味着读者对作者提出的自我约束行为的可能性和利他性产生了怀疑。

（三）指令类言语行为

作为一种权力，言语者力图促使听众去完成未来的行为，包括规定、指示、要求、邀请、疑问、祈祷等；否定这种行为，也就意味着读者对作者提出的要求的规范正确性产生了怀疑。

（四）宣告类言语行为

宣告类言语行为是一种规范，需要用制度来保障规范的约束力，比如任命、罢免、宣战、解雇等；否定这种行为，意味着读者对言者的权力产生怀疑，也可能是对言者的程序正当产生怀疑。

（五）表情类言语行为

作为一种真诚性要求，言语者把自己的主观世界展示给读者；否定这种行为，也就意味着读者对言者的真诚性产生了怀疑。

德国哲学家哈贝马斯认为：

塞尔的分类没有摆脱言语者的视角，因而忽视了主体间商讨和承认有效性要求所发挥的动力，也就是说没有注意到共识的形成过程。交往参与者相互就世界中的事物达成共识，由此形成主体间性的关系；在这种关系当中，孤立的行为者与客观世界之间的两种语言关系模式根本没有立足之地。在现实当中，塞尔的本体论概念的确是过于狭隘了[1]。

三、哈贝马斯的言语行为分类

哈贝马斯认为"沟通"一词的基本含义在于：（至少）两个具有言语和行为能力的主体共同理解了一个语言表达。这也是我们的语文教育中特别要强调的一种理念，即教师和学生之间形成一种主体间关系，只有听者接受了言语者所提供的言语行为，两个主题之间才形成了一种共识。[2]

哈贝马斯用一个例子来挑战塞尔忽视主体间性，只注重言语者的有效性要求的

---

① 哈贝马斯.交往行为理论：第一卷［M］.上海：上海人民出版社，2018：404-405.
② 哈贝马斯.交往行为理论：第一卷［M］.上海：上海人民出版社，2018：385.

片面性。他以下例来说明：

教授在课堂上向一位学生发出了要求：请您给我拿一杯水。

哈贝马斯分析说：

这个学生并不认为教授的要求是纯粹命令式的意志表达，而是认为教授是从沟通的立场出发完成了一个言语行为。因此，这个学生原则上可以从三个有效性角度对教授的请求加以拒绝。他可以对表达的规范正确性提出质疑：

（1a）不，您不能把我当作您的助手。

或者，他可以对表达的主观真诚性提出质疑：

（1b）不，您实际上是想让我在其他学生面前出丑。

或者，他可以对现实条件加以质疑：

（1c）不，最近的水管都很远，我根本无法在下课之前赶回来。

第一种情况质疑的是教授的行为在一定的规范语境中所具有的正确性；第二种情况质疑的是教授是否言出心声，因为他想达致的是一定的以言取效的效果；第三种情况下，质疑的对象则是教授在一定的情境下必须设定其真实性的陈述。[①]

哈贝马斯参照他的沟通理论，对言语行为加以重新分类，如表3-2所示。

表3-2　语言互动的纯粹类型[②]

行为类型 形式特征	典型的言语行为	语言功能	行为取向	基本立场	有效性要求	世界关联
策略行为	以言表意行为命令式	影响对方	以目的为取向	客观立场	现实性	客观世界
会话行为	记述式	呈现事态	以沟通为取向	客观立场	真实性	客观世界
规范立场	调节式	建立人际关系	以沟通为取向	规范立场	正确性	社会世界
戏剧行为	表现式	自我表现	以沟通为取向	表现立场	真诚性	主观世界

哈贝马斯认为实际上可能有三种纯粹类型可以用来划分语言互动的主导范畴，即记述式、调节式、表现式，之所以表3-2再加上策略行为，把命令式单列出来，可能是他从沟通的角度来考虑：命令式言语行为不具备沟通性，言语者从单方面促使听者去完成某一未来的行为，只能根据行为的执行情况来加以批判和检验，拒绝接受命令，就是拒绝一种权力要求，这方面很难达成共识。命令不是一种平等民主的协商行为，所以哈贝马斯将其单列。其实在哈贝马斯的论述中，他经常忽略命令这种特殊的非协商行为，只关注其他三种协商互动行为。在分析言语者的交往意图时，他提出三个基本意图：

（a）在一定的规范语境中，完成一个正确的言语行为，以便在言语者与听众之间建立起一种正当的人际关系；

（b）提出一个真实的命题（恰当的现实条件），以便听众接受和分享言语者的

---

① 哈贝马斯.交往行为理论：第一卷［M］.上海：上海人民出版社，2018：384.
② 哈贝马斯.交往行为理论：第一卷［M］.上海：上海人民出版社，2018：409-410.

知识；

（c）真诚地表达出意见、意图、情感、愿望等，以便听众相信言语者所说的一切。

主体间通过交往达成共识，其共性在于：规范的一致性、共享命题知识及相互信任对方的真诚性。而这些共性可以用语言的沟通功能来加以解释。

哈贝马斯提出，作为沟通媒介，言语行为具有三个主要功能，这三个功能也是和上文的三个交往意图相对应：

（a）建立和更新人际关系，在此过程中，言语者关怀的是具有正当秩序的世界中的事物。

（b）呈现或设定状态和事件，在此过程中，言语者关怀的是世界中客观存在的事态；

（c）表达经验，亦即自我表现，在此过程中，言语者关怀的是他的主观世界中所特有的东西。

四、言语行为分类的运用

上文不厌其烦地介绍几位语用哲学家的言语行为分类，是因为言语行为是语用学的基本概念，整个语用学理论体系都是建立在它的基础上的。我们以丁肇中先生的《应有格物致知精神》［人教版《语文》（八年级下册）］为例来说明人类语言中常见的互动言语行为，我们的语文课文首先应该是协商互动的文本，而不应该是单向的命令式文本。

《应有格物致知精神》是一篇演讲稿，这篇文章反思传统的中国教育缺少真正的"格物致知"精神，很是切中要害，值得大家细读。当然，引用此文，主要目的还是说明如何判断言语行为的类型，按照每个完整的句子（以句号为标记）完成一个言语行为的原则，接下来按照塞尔的分类，对原文逐句做言语行为类型标注和说明。全文如下：

我非常荣幸地接受《瞭望》周刊授予我的"情系中华"征文特别荣誉奖。（**表情类1，标记语是"非常荣幸"**。）我父亲是受中国传统教育长大的，我受的教育的一部分是传统教育，一部分是西方教育。缅怀我的父亲，我写了《怀念》这篇文章。（**告知类1，告知个人过去的信息，谓语核心是"是""写了"**。）多年来，我在学校里接触到不少中国学生，因此，我想借这个机会向大家谈谈学习自然科学的中国学生应该怎样了解自然科学。［**告知类2，过去的个人信息，告知接下来要做的事情，谓语核心动词"接触到"，"我想借此机会向大家谈谈……"有一定的指令性（指令类1）**。］

在中国传统教育里，最重要的书是"四书"。（**告知类3，社会共通判断，谓语核心是"是"**。）"四书"之一的《大学》里这样说：一个人教育的出发点是"格物"和"致知"。就是说，从探察物体而得到知识。（**告知类4，客观判断**。）用这两个词语描写现代学术发展是再适当也没有的了。（**告知类5，个人判断**。）现代学术的基础就是实地的探察，就是我们现在所谓的实验。（**告知类6，社会共通判断。**）

但是传统的中国教育并不重视真正的格物和致知。（**告知类7，作者的判断。**）这可能是因为传统教育的目的并不是寻求新知识，而是适应一个固定的社会制度。（**告知类8，作者的推理。**）《大学》本身就说，格物致知的目的，是使人能达到诚意、正心、修身、齐家、治国的田地，从而追求儒家的最高理想——平天下。因为这样，格物致知的真正意义被埋没了。（**告知类9，告知个人判断和推理，有"因为"关联词标记。**）

大家都知道明朝的大理论家王阳明，他的思想可以代表传统儒家对实验的态度。（**告知10，共通信息。**）有一天王阳明要依照《大学》的指示，先从"格物"做起。他决定要"格"院子里的竹子。于是他搬了一条凳子坐在院子里，面对着竹子硬想了七天，结果因为头痛而宣告失败。（**告知类11，历史事件信息。**）这位先生明明是把探察外界误认为探讨自己。（**告知类12，个人判断。**）

王阳明的观点，在当时的社会环境里是可以理解的。（**告知类13，个人判断。**）因为儒家传统的看法认为天下有不变的真理，而真理是"圣人"从内心领悟的。（**告知类14，推理。**）圣人知道真理以后，就传给一般人。所以经书上的道理是可"推之于四海，传之于万世"的。（**告知类15，共通信息。**）经验告诉我们，这种观点是不能适用于现在的世界的。（**告知类16，个人判断。**）

我是研究科学的人，所以重视实验精神在科学上的重要性。（**告知类17，告知个人信息，"我"是科学家，有资格谈科学的问题；请求类1，做出请求——"先让我"。**）

科学发展的历史告诉我们，新的知识只能通过实地实验而得到，不是由自我检讨或哲理的清谈就可求到的。（**告知类18，科学领域共通信念，也是一种判断。**）实验的过程不是消极的观察，而是积极的探测。（**告知类19，科学领域共通信念。**）比如，我们要知道竹子的性质，就要特地栽种竹树，以研究它生长的过程，要把叶子切下来拿到显微镜下去观察，绝不是袖手旁观就可以得到知识的。（**告知类20，论证信息。**）

实验不是毫无选择地测量，它需要有细致具体的计划。（**告知类21，科学领域共通信念。**）特别重要的，是要有一个适当的目标，以作为整个探索过程的向导。（**告知类22，科学领域共通信念。**）至于这目标怎样选定，就要靠实验者的判断力和灵感。一个成功的实验需要的是眼光、勇气和毅力。（**告知类23，个人判断。**）

由此我们可以了解，为什么基本知识上的突破是不常有的事情。我们也可以了解，为什么历史上学术的进展只靠少数人关键性的发现。（**告知类24，推理过程。**）

时至今天，王阳明的思想还在继续地支配着一些中国读书人的头脑。（**告知类25，社会共通判断。**）因为这个文化背景，中国学生大部偏向于理论而轻视实验，偏向于抽象的思维而不愿动手。（**告知类26，教育界共通判断。**）中国学生往往念功课成绩很好，考试都得近一百分，但是在研究工作需要拿主意时，就常常不知所措了。

（告知类27，社会常见现象。）

在这方面，我有个人的经验为证。我是受传统教育长大的。到美国大学念物理的时候，起先以为只要很"用功"，什么都遵照老师的指导，就可以一帆风顺了，但是事实并不是这样。一开始做研究便马上发现不能光靠教师，需要自己做主张、出主意。当时因为事先没有准备，不知吃了多少苦。最使我彷徨恐慌的，是当时的唯一办法——以埋头读书应付一切，对于实际的需要毫无帮助。（告知类28，告知个人信息，以上虽有5个句号，算作1个行为。）

我觉得真正的格物致知精神，不但研究学术不可缺少，而且对应付今天的世界环境也是不可少的。（告知类29，告知个人判断，判断词"是"。）我们需要培养实验的精神，（告知类30，个人判断，但个人判断也有指令性，希望和听众协商达成未来的目标，指令类2。）就是说，不论是研究自然科学，研究人文科学，还是在个人行动上，我们都要保留一个怀疑求真的态度，要靠实践来发现事物的真相。（指令类3，希望和听者协商达成未来的目标。）现在世界和社会的环境变化得很快，（告知类31，社会共通判断。）世界上不同文化的交流也越来越密切。（告知类32，社会共通判断。）我们不能盲目地接受过去认定的真理，也不能等待"学术权威"的指示。（指令类4，希望和听者协商达成未来的目标。）我们要自己有判断力。（指令类5，希望和听者协商达成未来的目标。）在环境激变的今天，我们应该重新体会几千年前经书里说的格物致知的真正意义。（指令类6，希望和听者协商达成未来的目标。）这意义有两个方面：第一，寻求真理的唯一途径是对事物客观的探索；第二，探索应该有想象力、有计划，不能消极地袖手旁观。（告知类33，告知个人判断，判断词"是"。）希望我们这一代对于格物和致知有新的认识和思考，使得实验精神真正地变成中国文化的一部分。（指令类7，希望和听者协商达成未来的目标。）

一篇科学家的演讲稿，表情类行为（1个）不多，只有开头一句向听众表达自己的"荣幸"；主要以告知类（33个）和指令类（7个）为主。告知类又包括事件信息（叙事）、判断（包括社会共通信息和个人判断，作为科学家，应该传递一些个人的独创性判断）和推理（体现科学家的严谨思维过程）；指令类既可以是命令，也可以是请求，因为本文是科学家演讲，不能命令，所以只能提出建议、请求。上文介绍过，告知类言语行为是一种真实性要求，传达一种认知或陈述一种立场，如果要否定这种行为，意味着读者对作者提出的真实性产生了疑义。对《应有格物致知精神》中所有的告知类行为，我们都可以对其中事件、判断的真实性进行质疑，比如王阳明真的格过竹子吗？"四书"里讲过"格物致知"吗？王阳明的思想现在还在影响中国人吗？

上文7个指令类言语行为，是言语者力图促使听众共同去完成的未来的行为，主要是呼吁培养实验的精神，保留怀疑求真的态度，如果我们否定这种行为，也就意味着读者对作者提出的要求的规范正确性产生了怀疑。

表情类言语行为只有1个，作为一种真诚性要求，言语者把自己的主观世界展示给读者，如果读者否定这种行为，也就意味着对丁肇中先生的真诚性产生了怀疑。

按照意向性标准，我们可以对言语行为做一个比较明确的归类，进一步可以思考各类语篇分别是由哪些言语行为组成的，因为语用学理论相信言语行为才是交际的最小单位，就像词语是组成句子的最小的可以自由运用的语言单位，我们也可以对言语行为的组合形式进行分析，并对人类完成各种言语行为的手段进行研究。但这方面汉语学界还没有系统开展。丁肇中先生在呼吁格物致知精神，其实，在语言学者看来，语言现象就是我们要去"格"的"物"，语言运用规律就是我们要去"致"的"知"。世界上大概没有什么事物比语言更为复杂，更为重要，我们对语言运用规律的"知"，值得我们认真探究，系统思考，逐步推进。

? 思考

人教版《语文》（九年级下册）中《出师表》的预习提示中说："表，是古代向帝王陈情言事的一种文体，言辞往往恭敬、恳切。"《文心雕龙·章表第二十二》这样写道：

秦初定制，改书曰奏。汉定礼仪，则有四品：一曰章，二曰奏，三曰表，四曰议。章以谢恩，奏以按劾，表以陈情，议以执异。①

请分析《出师表》中每个句子的言语行为类型。

任何一篇文章，都应该具有一个较为明确的意图，言者在表达过程中让自己的意图和写作目的逐渐明确，读者在阅读过程中通过解读话语，分享言者的知识，感受言者的情感、态度，并和言者建立起共识，当然读者也可以利用自己的知识质疑文章中的知识，怀疑作者的真诚性，反驳作者的判断和推理，言者和读者共同构建一个能够有效沟通的现代理性社会，这也应该是我们语文教学追求的重要目标。

第四节　言语行为的构成性规则

篮球有篮球的规则，足球有足球的规则，排球有排球的规则，只要有人向我们描述这些不同的规则，我们就知道这是一项什么运动。体育作为一种行为，可以通过规则描述来让人们认识，那么言语行为作为一种行为，是不是也可以通过描述规则来让人们认识呢？

人类社会的大部分行为，都受一定的规则制约。下象棋、赛马等游戏不用说，开车、讲课，甚至炒菜、洗澡等日常行为也受一系列规则的制约。

一、调控性规则和构成性规则

沈家煊概括出两种规则——调控性规则和构成性规则。

---

① 刘勰.文心雕龙译注［M］.王运熙，周锋，撰.上海：上海古籍出版社，1998.

（一）调控性规则

调控性规则是指那些调控已经存在的活动的规则，比如，如果开车，实行红灯停绿灯行的规则；如果是军官，实行就餐时系领带的规定。开车和吃饭这些活动的存在与调节性规则的存在与否无关，如交通规则"遇红灯不得穿越"是一个命令，涉及的是对与规则本身无关的利害关系或社会关系的调节，体现的是人对社会关系的期望。不实行或不遵守调节性规则同样可以开车可以吃饭，只是要受到处罚或制裁。[①]

（二）构成性规则

构成性规则是指在具体语境中实行这些规则，我们就构成了某种行为。比如，中国象棋中的马走日、象走田等，我们只有按照这些规则来游戏，我们才算是在下棋；在足球比赛中，运动员（除了守门员以外）不能主动用手去接触球，不能越位，把球攻进对方球门算得分等规则构成了足球比赛。构成性规则构成活动，活动的存在就依赖于这种规则的存在，构成性规则并不命令人做或不做什么，它本身创造或定义新的行为方式，体现了人对社会行为的信念，如果我们下象棋的时候，马不走日，象不走田，我们就无法继续这个行为。

（三）塞尔"承诺"行为规则分析

我们的语言行为有哪些构成性规则，哪些调控性规则呢？

塞尔分析了"承诺"这一行为必须遵守的九条规则，接下来对其逐条说明。[②]

规则1：存在正常的语言输入（表达）和输出（理解）的条件。

我们无法听懂一条鱼的承诺，我们也不会对着一条鱼做出郑重承诺。除非是在戏剧中。

规则2：说话人通过所说的话表达一个命题。

甲问乙："你什么时候还我钱？"乙回答："呃，呵呵呵，哈哈哈！"乙的话并未表达一个命题，也不能构成承诺。当然，乙回答一个无关命题也不能构成承诺，比如乙说："今天天气不错啊！"这是一个命题，但依旧不是一个承诺，因为还涉及规则3。

规则3：在表达命题时，说话人言及一个他自己将要做的动作。

当然，说一个过去的动作，比如"我承诺昨天会把钱还给你的！"不能构成承诺。但是乙说一个自己未来的行动，就是承诺吗？乙说："我明天要废了你！"这也不是承诺，因为还涉及规则4。

规则4：说话人所许诺的事，是符合听话人的意愿的，说话人也相信，他所要去做的事情是符合听话人的意愿的。

很显然，听话人才不想被人废了。乙也知道，"明天废了你"不符合听话人的

① 沈家煊.名词和动词［M］.北京：商务印书馆，2016：130.

② Searle, John. R. *Speech Acts: An Essay in the Philosophy of Language*［M］. Cambridge: Cambridge University press, 1969: 57-61.

意愿。

规则5：说话人和听话人都认为所许诺要去做的事情是说话人通常不会做的。

当我们听到有人承诺："明天我一定会好好活着！"这个承诺就意味着说话人的自我约束，如果不做出承诺，说话人可能还会继续自寻短见。"从明天起，做个幸福的人。"做出这个承诺的人，现在一定不够幸福，但是通过承诺能实现"幸福"吗？

规则6：说话人愿意去做他承诺的事情。

"从明天起，做个幸福的人，但是我依旧无可救药地渴望悲催。"这种表达就推翻了承诺的构成规则。

规则7：说话人希望通过说话使自己承担做该事的义务。

"我明天一定会把钱还给你的！"这是一种自我约束，承诺者不能否定这个义务，不能再承诺后面加上："我有这个义务吗？"

规则8：说话人要让听话人知道，他所说的话应该被理解为他把自己置于做某事的义务之下，为此，说话人想让听话人通过对他所言的意义的理解来认识他的意图。

以《茶馆》第二幕中的对话为例：

［例3-10］宋恩子　我出个不很高明的主意：干脆来个包月，每月一号，按阳历算，你把那点……

吴祥子　那点意思！

宋恩子　对，那点意思送到，你省事，我们也省事！

王利发　那点意思得多少呢？

吴祥子　多年的交情，你看着办！你聪明，还能把那点意思闹成不好意思吗？

……

宋恩子　你嘴里半句实话也没有！不对我们说真话，没有你的好处！王掌柜，我们出去绕绕；下月一号，按阳历算，别忘了！

王利发　我忘了姓什么，也忘不了您二位这回事！

吴祥子　一言为定啦！（同宋恩子下）①

这段对话中，宋恩子、吴祥子敲诈王利发，敲诈总不是一件有礼貌的事情，得说得含蓄；王利发的承诺语"我忘了姓什么，也忘不了您二位这回事！"也很礼貌，憋屈地承诺，让两位恶人放心，三位都用自己的话语，让对方明白自己的意图。

规则9：在前述规则1—8存在的情况下，说话人和听话人所使用的语言的语义规则应能使说话人正确、真诚地说出他所要说的话。也就是说，根据所使用的语言的语义规则，说话人所说的话是被用来做出承诺的。

塞尔对承诺行为进行了个例研究，列出了以上九条承诺行为的构成规则（适宜

---

① 老舍.茶馆.成都：四川人民出版社，2017：37.

条件）。如果不遵守其中的任何一条规则，就不能算是承诺行为。

语文名篇中也有承诺类行为，比如端木蕻良的《土地的誓言》[人教版《语文》（七年级下册）]。誓言应该是一种典型的承诺行为，这个誓言是否遵循以上9条规则呢？以该文结尾为例：

[例3-11]我永不能忘记，因为我答应过她，我要回到她的身边，我答应过我一定会回去。为了她，我愿付出一切。我必须看见一个更美丽的故乡出现在我的面前——或者我的坟前，而我将用我的泪水，洗去她一切的污秽和耻辱。

誓言是一种承诺，构成一个承诺，首先要求这个行为的发出者必须使用第一人称，当下说出一段话，通过自我约束，要求自己去完成未来的一个行为（回到东北去，愿意为家乡建设付出一切，用泪水洗刷家乡的一切污秽、耻辱），这个行为是作者相信自己有能力完成的，也是符合读者愿意的。如果不遵守这些规则，作者就无法完成这个誓言，我们将这段句子的第一人称改为第三人称"张三"：

[例3-12]张三永不能忘记，因为他答应过她，他要回到她的身边，他答应过他一定会回去。为了她，他愿付出一切。他必须看见一个更美丽的故乡出现在他的面前——或者他的坟前，而他将用他的泪水，洗去她一切的污秽和耻辱。

一旦使用第三人称，这段话就违背了承诺类行为的构成性规则，就不再是誓言了，而是记述式言语行为了，记述的是作者所知道的关于张三的誓言的信息，"我发誓不再体罚学生"是承诺，"他发誓不再体罚学生"则是说话人传递他知道的真实信息，而不是言者自己的誓言。

[例3-11]遵循规则2—7，表达一个言者未来的行动，言者把回到东北家乡作为自己的义务，愿意付出一切。但是按照规则1——言者有表达能力，听者有理解能力——来进一步分析：作者当然有表达能力，但是对谁言说呢？文中的"她"是谁？本文题目应该理解为"面对土地发出的誓言"还是"土地自身发出的誓言"？这是教师教学用书中提出的问题，但是如果是对"土地"说出自己的誓言，则不是典型的承诺，因为土地没有理解能力，这就是艺术性表达了。

再看"用我的泪水，洗去她一切的污秽和耻辱"，这也是一个指向未来的行为，但是这种行为明显也是一种艺术表达，正是因为这些艺术性表达，教师教学用书认为：本文的精彩之处，在于用热烈的语言，美好的想象与回忆，表达作者内心不可遏止的激情。

艺术性表达可以突破言语行为的构成性规则，以达到创新效果和抒情的功能。但是语文教学不能以抒情表达为主要目的，还应该训练学生的实用性表达。

再以一个实用性表达话语为例来说明承诺行为的构成性规则：

[例3-13]我要解释一些事情，有人说熊猫烧香更改熊猫的图标是我在诋毁大熊猫！这里我要解释下，这是绝对没有的事情，完全是出于这个图片比较让我个人喜欢，才会用的！

还有关于变种，我写这个的初衷也是这个，纯粹是为了编程研究，对于出了这么多变种，我是根本想不到的，这个责任也不全是在我的！还有人说熊猫病毒写出来是商业目的！这个完全是无稽之谈。

我在这里承诺，本人是绝对没有更新过任何变种。[①]

这是一起发生在2006年的电脑病毒事件，事后熊猫烧香病毒的设计者在看守所内向公众发出道歉信，但是其中的承诺却违反了承诺类言语行为的基本适用条件，尤其是规则3，因为承诺类言语行为应该是说话人要表达一个未来他将要去执行的行为，可是在道歉信中，病毒设计者却是对过去的行为做出断言，这样，这个行为就不能构成"承诺类行为"，这样的行为是不能达到交际目的的。

塞尔以承诺类行为为例，对言语行为的构成性规则做了具体的说明，但是没有对所有的五大类行为逐一做出分析。接下来本文将分析构成各类言语行为的共同规则和个性规则。

二、构成各类言语行为的共同规则

每个言语行为都有自己的构成性规则，但我们也要注意所有的言语行为必须具备共同特征。我们先归纳一下言语行为的共同特征，再分析每个言语行为的个性特征。言语行为的共同规则如下。

共同规则1：言者和听者都要有正常的语言表达能力和理解能力。

我们不能对一个不具备语言能力的对象发出言语行为，比如我们不能跟水杯讲故事，不能写信给天边的云朵，不能命令水倒流，因为对方无法和我们沟通。只有在写诗的时候、虚构文学创作的时候，可以违背这条规则，比如你可以给天边的云写一封情书，唱一首情歌给门前的黄河水。

共同规则2：不管是哪一种言语行为，都必须具有命题性。

还记得鲁迅先生的《立论》中那个聪明而又无奈的老师吗？全文不长，不妨看看：

我梦见自己正在小学校的讲堂上预备作文，向老师请教立论的方法。

"难！"老师从眼镜圈外斜射出眼光来，看着我，说。"我告诉你一件事——

"一家人家生了一个男孩，合家高兴透顶了。满月的时候，抱出来给客人看，——大概自然是想得一点好兆头。

"一个说：'这孩子将来要发财的。'他于是得到一番感谢。

"一个说：'这孩子将来是要死的。'他于是得到一顿大家合力的痛打。

"说要死的必然，说富贵的许谎。但说谎的得好报，说必然的遭打。你……"

"我愿意既不说谎，也不遭打。那么，老师，我得怎么说呢？"

"那么，你得说：'啊呀！这孩子呵！您瞧！那么……。阿唷！哈哈！He he! He，he he he he!'"

---

① 参见 https://society.dbw.cn/system/2007/02/16/050708739.shtml。

一九二五年七月八日。①

他看到世道中说谎的得好报，说真话的遭痛打，不愿说谎，也不想挨打，那么怎么办呢？打哈哈呗！什么是打哈哈？原来这就是违背了言语行为的共同规则2：言之无物，话语没有命题性。鲁迅先生的这篇文章虽为虚构，但在日常生活中屡见原型，鲁迅先生写这篇文章是为了批评这种无命题式的言语行为，读者千万别以为这是一个正确的行为方式，用来指导自己以后的祝福方式，可悲的是，居然还真有人觉得鲁迅先生提出的这种打哈哈的方式，是一种圆融的处世之道。

共同规则3：命题必须以正确的语音、语法形式来表达。

如果一句话，说的人语音不清、语法不通，这个规则看起来可以和第一条规则合并，但是有些人可能会故意读错音、写错字、写病句或者不讲语法，就可能是一种艺术性表达，比如戏仿、飞白、故错等修辞手法。

当然，言语行为还有不少调控性规则，比如各种增强语力的表达手段，如：

四嫂 （递给妞子一盆水）你要是眼睛不瞧着地，摔了盆，看我不好好揍你一顿！

小妞 你怎么不管哥哥呢？他一清早就溜出去，什么事也不管！

四嫂 他？你等着，等他回来，我不揍扁了他才怪！

小妞 爸爸呢，干脆就不回来！

四嫂 甭提他！他回来，我要不跟他拼命，我改姓！②

这段对白中，四嫂的每句话都构成承诺类言语行为，简化为基本的承诺格式，可以这样表达：

"妞子，你别摔了盆，如果摔了，我一定会狠狠地揍你！"

"等哥哥回来，我一定会狠狠地揍他！"

"等你爸爸回来，我一定狠狠地揍他！"

这样表达，承诺行为也已经实施了，但是作为话剧表达，缺少表现力。承诺类言语行为要加强语力，可以选择各种不同的表达方式，比如选择否定句式"我不揍扁了他才怪"和"我要不跟他拼命，我改姓"，其中还用了"看我""才怪"和"我改姓"这样的语力强调标记。我们在解读课文的时候，不仅要注意解读出各种言语行为的构成性规则，还要发现各种调控性规则。

在这个承诺泛滥的时代，各种电视剧中经常上演这样的桥段，一个男孩向女孩做出承诺，说："我会永远爱着你！"女孩的眼里闪着泪光，问："真的吗？"这个"真"应该理解为"真诚"的"真"，而不是"真实"的"真"，因为承诺只有真诚性，而不具有真假值，所有未发生的事件，都无法从真假值的角度来进行考量。

各言语行为有各自的构成性规则，也就是各种行为的适宜条件。

---

① 鲁迅.鲁迅全集：第二卷［M］.北京：人民文学出版社，2005：212.

② 老舍.老舍经典作品集［M］.长春：吉林出版集团股份有限公司，2017：80.

所谓适宜条件就是一种言语行为要完成交际意图必须满足的语境条件。比如"提出要求"，必须满足以下适宜条件：①内容条件：行动是听话人将来要去完成的；②准备条件：说话人相信听话人能完成；③真诚条件：如不提出要求，听话人是否会去完成，尚不清楚；④实质条件：说话人希望听话人去完成该行动。

适宜条件是很复杂的，塞尔对要求和警告行为进行了一个举例式的适宜条件说明，但是每个言语行为又可以分为若干个小类，各小类（次类）又有不同的适宜条件，有些条件是完成某类行为必须共同遵守的，有一些条件则是完成某类行为中的某一特定次类必须遵守的，比如指令类中命令、建议、请求等次类行为的适宜条件有共同之处，也有不同之处；表情类中祝福、同情、愧疚，除了遵守表情类的适宜条件之外，还必须遵守各自小类不同的适宜条件。也就是说，我们在归纳各大类言语行为的适宜条件的同时，还需要进一步讨论其次类的适宜条件，关于言语行为的适宜条件分析还必须进一步细化。本章无法对所有的言语行为及其次类的构成性规则进行分析，限于篇幅，只对语文教学中使用最为频繁的告知类行为及其次类做一个尝试说明。

三、告知类行为的构成性规则

（一）告知类行为的表达类型

语文教学，主要完成的是告知类行为，在告知的基础上，抒发情怀，表达愿望和期待。篇章是最大的交际单位，各种可以识别的言语行为是最小的交际单位，丁肇中先生的《应有格物致知精神》一文共包括41个言语行为，其中告知类行为33个，指令类行为7个，表情类行为1个。丁肇中先生这篇演讲稿，题目是一个指令行为，交际的主要意图是希望"我们这一代对于格物和致知有新的认识和思考，使得实验精神真正地变成中国文化的一部分"，可见即使文章的核心意向是完成指令类行为，但依旧是建立在告知类行为的基础之上的。

告知类言语行为主要包括叙事、描写、判断和推论等各种表达类型，其施为意图是说话人保证所表述的命题是真的，具有语义真值条件，对这类行为，作者有责任承担话语命题的真实性，读者要注意，这些话语只是作者相信为真的信息，不要轻信为真。对告知类行为的审辨，有助于培养学生的批评性思维。实施和理解告知类言语行为要注意：

（1）区别叙事、描写、判断和推论等不同告知行为，比如"她生气了"其实是一个判断，而不是一个客观记述；

（2）区别因果关系和相关关系；

（3）找出没有充分证据的论据；

（4）审辨判断前提的准确性，如确定是否应做出结论；

（5）识别自相矛盾的地方；

（6）识别与主题不相干的信息；

（7）识别过分强调事物的共性，而忽视个性的做法。

先来看例子，郑振铎先生的《猫》[人教版《语文》（七年级上册）]一文中：

于是猫的罪状证实了。大家都去找这可厌的猫，想给它以一顿惩戒。找了半天，却没找到。真是"畏罪潜逃"了，我以为。

三妹在楼上叫道："猫在这里了。"

它躺在露台板上晒太阳，态度很安详，嘴里好像还在吃着什么。我想，它一定是在吃着这可怜的鸟的腿了，一时怒气冲天，拿起楼门旁倚着的一根木棒，追过去打了一下。它很悲楚地叫了一声"咪呜"，便逃到屋瓦上了。

我心里还愤愤的，以为惩戒的还没有快意。

隔了几天，李妈在楼下叫道："猫，猫！又来吃鸟了！"同时我看见一只黑猫飞快地逃过露台，嘴里衔着一只黄鸟。我开始觉得我是错了！

我心里十分地难过，真的，我的良心受伤了，我没有判断明白，便妄下断语，冤枉了一只不能说话辩诉的动物。想到它的无抵抗的逃避，益使我感到我的暴怒、我的虐待，都是针，刺我的良心的针！

我很想补救我的过失，但它是不能说话的，我将怎样地对它表白我的误解呢？

两个月后，我们的猫忽然死在邻家的屋脊上，我对于它的亡失，比以前两只猫的亡失，更难过得多。

我永无改正我的过失的机会了！

自此，我家永不养猫。

这几段话中，作者的核心意图是忏悔自己"没有判断明白，便妄下断语，冤枉了一只不能说话辩诉的动物"，忏悔自然是一种情感表达，但是情感表达除了直接抒情之外，都要倚仗告知类行为来完成，我们常说的"借景抒情""托物言志""借古讽今""即事抒怀"等，都与记述、描写、判断和推论脱不了干系。我们往往能对这四大言语行为做出很直接了断的分类，凭的是语感，但语感在分类时经常有诸多混淆，我们很少在教学参考资料中看到对这四类言语行为类型在分类标准上做出清晰说明的。本节希望能对这四类言语行为的分类提出可操作的标准。

（二）叙事类行为的构成性规则

上引《猫》的片段中，哪些是叙事，哪些是描写？

[例3-14] 我想它一定是在吃着这可怜的鸟的腿了，一时怒气冲天，拿起楼门旁倚着的一根木棒，追过去打了一下。它很悲楚地叫了一声"咪呜"，便逃到屋瓦上了。

这是典型的叙事吧？两个句子（以句号为标志）两个行为，有行为者（动作的发出者），前一个句子是"我"，后一个句子是"它"，两者分别发出一个动作，这个动作具有事件上的动态特征，或者可以说是瞬间完成的。我们尝试提出叙事类行为的构成性规则：

叙事类行为的构成性规则1——内容条件：①作者表达一个行为，②该行为有

明确的施事者和受事者，③行为有明确的主动意愿，④动作具有时间上的短暂性，⑤动作对受事者有明显的影响；

叙事类行为的构成性规则2——预备条件：作者不确定这个行为是否已经为读者所知；

叙事类行为的构成性规则3——真诚条件：作者相信所言为真，并且想让读者相信所言为真；

叙事类行为的构成性规则4——实质条件：作者通过所言话语来承担所言行为为真的责任。

要注意叙事行为句有强弱之分，［例3-14］中的两句，第1句"我打了猫一下"的叙事性强于第2句"猫逃走"，因为根据叙事类行为的构成性规则1的5项规定，第1句完全符合，可以得100分；而第2句只符合①、③、④，甚至猫是否有明确的主动意愿，都很难确定，所以，"猫逃走"不是一个百分百的叙事句。"我"作为人的主动意愿性要比"猫"强，"追上去打猫"和"猫逃到屋瓦上"在时间上都很短暂，但"我"对"猫"产生了巨大的影响，"猫"对屋瓦的影响却不大。

（三）描写类行为的构成性规则

叙事性再进一步弱化，就会成为描写，比如：

［例3-15］它躺在露台板上晒太阳，态度很安详，嘴里好像还在吃着什么。

这一句话中的"它"虽然有生命意志，但是缺少动作性，"躺在露台板上晒太阳"是一个状态，表现出静态特征，且"态度很安详"。

描写和记述是告知行为的两种基本次类行为，讲一个故事，总离不开这两个行为。比如《祝福》中有这样一段：

［例3-16］那是下午，我到镇的东头访过一个朋友，走出来，就在河边遇见她；而且见她瞪着的眼睛的视线，就知道明明是向我走来的。我这回在鲁镇所见的人们中，改变之大，可以说无过于她的了：五年前的花白的头发，即今已经全白，全不像四十上下的人；脸上瘦削不堪，黄中带黑，而且消尽了先前悲哀的神色，仿佛是木刻似的；只有那眼珠间或一轮，还可以表示她是个活物。她一手提着竹篮，内中一个破碗，空的；一手拄着一支比她更长的竹竿，下端开了裂：她分明已经纯乎是一个乞丐了。①

［例3-16］第一句是记述，"我遇见祥林嫂，看见她瞪着我"，叙事性很强；第二句先以作者的一个判断"改变之大，可以说无过于她的了"引出描写，她的头发、脸、神色、眼珠，已看不出生命的活力，语句缺少动作性，表现的都是静态特征，"眼珠间或一轮"虽为瞬间现象，但不是祥林嫂的主动行为；第三句"提着竹篮""拄着一支比她更长的竹竿"，也是持续性状态，如果换作"她一手提起了竹篮，内中一个破碗，空的；一手拄起了竹竿，下端开了裂"，这个句子就不可接受，因为

---

① 鲁迅.鲁迅全集：第二卷［M］.北京：人民文学出版社，2005：6.

这些描写行为句，和补语"起"所表示的动作趋向在语义上不和谐，动作行为注重行为结果和影响，描写不注重结果和影响，只注重状态，所以，其后可以继续出现"破碗，空的""下端开了裂"等状态。

语文教学中经常会出现"动作描写""语言描写""心理描写""外貌描写""景物描写"等诸多描写，这也是一种语感分类，显然缺少语理上的审视。我们尝试提出描写类行为的构成性规则：

描写类行为的构成性规则1——内容条件：①表达一种状态，②主动意愿不强，③动作具有持续状态性，④动作不是主体的主观行为，⑤动作不会影响到其他对象。

描写类行为的构成性规则2——预备条件：作者不确定该状态是否已经为读者所知；

描写类行为的构成性规则3——真诚条件：作者相信所言状态为真，并且想让读者相信所言为真；

描写类行为的构成性规则4——从实质条件上看，作者通过所言话语来承担所言状态为真的责任。

（四）判断和推论类行为的构成性规则

记述与描写是作者直接得到的经验，是他耳闻目睹的情景，还包括触觉、嗅觉、味觉等感知到的事实，是可以被他人证实的。有些句子则是作者的心理认知结果，是对所描写和记述的事实所做的心理判断和逻辑推导。

我们再来看《猫》中的句子：

［例3-17］于是猫的罪状证实了……真是"畏罪潜逃"了，我以为。

"于是"是个推论标记，作者根据前文的相关事实，推导出一个新的事实，这个事实无法通过各种感知器官证实。推论可能是以丰富的事实为基础，经过认真推导而得出的，也可能是随意的推断，"猫的罪状证实了""畏罪潜逃"等就是人的随意推断。注意《猫》中多次出现"以为"这个认知动词，是作者对后文所谓"妄下断语"的预言，是作者自责"自以为是"。推论是一个推导过程，推导结果就会产生判断。如"我开始觉得我是错了！"是一个判断，这个判断是根据已知的事实做出一个断言。

判断经常和推导组成一个长句子：

［例3-18］我心里十分地难过，真的，我的良心受伤了，我没有判断明白，便妄下断语，冤枉了一只不能说话辩诉的动物。想到它的无抵抗的逃避，益使我感到我的暴怒、我的虐待，都是针，刺我的良心的针！

［例3-18］中的两个句子，第一个句子经过推导，断言"冤枉了猫"，这是一个事实推论；第二句从形式上看，也是一个判断"我的暴怒……刺我的良心的针"，但不是事实推论，而是情感推论，自责妄下断语。"我永无改正我的过失的机会了！"也是一个断言，是从已知事实中推导出来的认识。很多语文老师在教《猫》这篇文章的时候，多集中讨论记述和描写之妙，主要教学时间都用在比较关于三只猫的故

事上了，甚至教材预习提示上都注明：

郑振铎善于写"平平淡淡的家庭琐事与脉脉温情中轻笼的哀愁"，主张文学要质朴、真率。阅读课文时，要注意这个特点。

语文教学存在一个普遍的倾向是注重抒情，很少有人注意到这篇文章也可以从如何下判断、怎么做推论这个角度来训练逻辑思维能力，下判断、做推论的能力训练很重要，不能忽视。

细心的读者肯定会注意，《猫》的开头、中间、结尾都有一句话，概括自家养猫的经历：

［例3-19］我家养了好几次的猫，却总是失踪或死亡。

自此，我家好久不养猫。

自此，我家永不养猫。

［例3-19］中，前两句都是客观记述，而第三句却是一个对未来的承诺，并不是一直都没养猫，而是"永不养猫"，作者并不是站在生命终点对自家养猫的客观事实进行判断，而是因为自己冤枉了一只不能说话的动物，导致它客死邻家屋顶，因此做出郑重承诺。

写文章，总要做出一些判断和推论，告知他人一些事实，还想告知他人一些结论，或者引导读者得出一些结论，以指导未来的生活。叙事与议论，是两种最常见的言语行为，语文教学的任务，语言建构与运用，主要是提高学生叙事和议论的能力。记叙文夹叙夹议，以叙为主；议论文则主要以议论为主，叙事间或出现，作为经验事实来辅助推论。

我们尝试着提出判断和推论类行为的构成性规则：

判断和推论类行为的构成性规则1——内容条件：作者根据事实经验提出的一个观点。

判断和推论类行为的构成性规则2——预备条件：作者相信读者不完全知道该观点。

判断和推论类行为的构成性规则3——真诚条件：作者要负责判断和推论的有效性，并且自知所做判断和推论的局限性。

判断和推论类行为的构成性规则4——实质条件：作者提出判断和推论是想说服读者接受这个观点。

如韩愈《马说》［人教版《语文》（八年级下册）］主要以判断为主：

世有伯乐，然后有千里马。千里马常有，而伯乐不常有。故虽有名马，祇辱于奴隶人之手，骈死于槽枥之间，不以千里称也。

马之千里者，一食或尽粟一石。食马者不知其能千里而食也。是马也，虽有千里之能，食不饱，力不足，才美不外见，且欲与常马等不可得，安求其能千里也？

策之不以其道，食之不能尽其材，鸣之而不能通其意，执策而临之，曰："天下无马。"呜呼！其真无马邪？其真不知马也！

《马说》提出"世有伯乐，然后有千里马。千里马常有，而伯乐不常有"两个异于常理的观点，符合判断和推论类行为的构成性规则。所谓观点，是从事实个例中抽象得出的断言，提出观点是一个从特殊到一般的认知过程。此文极端推崇伯乐之功，极端表现千里马之惨状。韩愈气势如虹，全然不容他人质疑，对自己提出的判断和推论也不反省，完全无视自己的主观化、个人化的论断，对自己观点的有效性没有承担起论证的责任。这篇论说小品文充满了抒情诗性（注意，所谓诗性并不是简单的诗情画意，而是有批判性），并不能当作论证文章的典范，如果按照判断和推论类行为的构成性规则来评分，这篇文章可能只能得50分。

韩愈的《师说》比《马说》更符合判断和推论类行为的构成性规则，首先提出观点"师者所以传道授业解惑也"，然后解释"传道""解惑"的必要性，进一步提出"师之所存，道之所存""弟子不必不如师，师不必贤于弟子"这种在当时不同于时俗的看法，且通过"古之圣人""今之众人""小学而大遗""百工之人""士大夫之族"等事实的对比，支持文章提出的观点，符合判断和推论类行为四条构成性规则。但韩愈好像忘了阐释定义中三个种差之一"授业"的必要性，是其论文之破绽。当然，我们也可以进一步挑战韩愈的论证过程，所有的观点都是可以质疑的，每个论证都要欢迎读者提问，比如我们可以从韩愈列出的三组对比例子进行质疑：古之圣人真的好学吗？今之众人真的不好学吗？大家都把孩子送到学堂了吗？大人是不是还有好学之心？百工之人真的不耻相师吗？士大夫之族，就那么忽视师道吗？批判思维，从质疑论证过程中的材料、程序开始，而不是直接反对对方的观点。

《文心雕龙·论说》对中国古典的议论文体进行了总结：

原夫论之为体，所以辨正然否；穷于有数，追于无形，钻坚求通，钩深取极；乃百虑之筌蹄，万事之权衡也……必使心与理合，弥缝莫见其隙；辞共心密，敌人不知所乘，斯其要也……①

夫说贵抚会，弛张相随，不专缓颊，亦在刀笔。范雎之言疑事，李斯之止逐客，并顺情入机，动言中务，虽批逆鳞，而功成计合，此上书之善说也。至于邹阳之说吴、梁，喻巧而理至，故虽危而无咎矣。敬通之说鲍、邓，事缓而文繁，所以历聘而罕遇也……

"说"和"论"是两种不同的文体，"说"作为文体的根本特点是"喻巧而理至""飞文敏以济词"，强调的是言说的智慧、机敏，特别是比喻的巧妙。在战国时期有现场即兴、口头交际的性质，汉朝以后，游说之术变成了说服主人的技巧，促使"说"超越了现场的口舌之机敏，而成为一种文体。"说"是理智的，而"论"是理性的。所谓理智，就是深知利害关系，权衡利弊，做出选择，提出建议；而理性则是从特殊到一般的论证，能够提高认知水平。

任何言语行为都必须具备一些适宜条件（felicity condition），这些条件就是该行

---

① 刘勰. 文心雕龙译注［M］. 王运熙，周锋，撰. 上海：上海古籍出版社，1998：161-163.

为的构成性规则，包括内容条件、准备条件、真诚条件、实质条件等，这些规则要求适宜的交际者在特定情境中说出具有完整语义结构和语法结构的话语，所有的参与者必须正确地、完全地、有计划地、有目的地实施这一系列程序，如果违背了其中的一个条件，这些言语行为就是不得体的。

以下对本章做一个小节。

本章简单介绍言语行为理论的发展过程，尝试结合中学语文教材和教学实例，展现言语行为理论的应用价值，特别是对告知类的叙事、描写、判断和推论四种言语行为进行了较为系统的分析，目的还是望大家能进一步从语感培养走向语理分析，为今后的语文教学中语言建构与运用这一核心素养的教学做好准备。

通过对本章的学习，我们可以得出一个初步认识：一篇文章是由若干个段落组成的，每个段落又都是由若干个句子组合的，一个句子在交际实践中就是一个言语行为，所以，从语用学的角度来看，一个语篇是人们交际的最大单位，是各种可以被识别的言语行为的组合序列。比如丁肇中的《应有格物致知精神》，就是一篇由表情、告知、指令三种行为组合而成的演讲稿；《猫》则是由告知、表情等行为组合而成的叙事散文，其中每一个句子都可以归入一种言语行为，每一种行为又有其构成性规则，这些规则值得我们深入分析。塞尔的五大言语行为还可以细分为各种次类，这些次类的规则及各种次类在篇章中的组合规律，对我们进一步理解和生成篇章有一定的理论价值，对语文教学研究者研究篇章规律提供了一个新的角度。

各种言语行为的构成性规则只是一个理论性框架，在实际的语言交际过程中，人们可以通过对这些适宜条件有意识地违反，来达到特定的表达效果，传递特殊的语用含义。

❓思考

比较韩愈的《马说》《师说》、苏洵的《六国论》、贾谊的《过秦论》、马南邨的《不求甚解》等文章在判断和推论类言语行为构成性规则上的区别。

马南邨的《不求甚解》[人教版《语文》（九年级下册）]节选如下：

在这一方面，古人的确有许多成功的经验。诸葛亮就是这样读书的。据王粲的《英雄记钞》说，诸葛亮与徐庶、石广元、孟公威等人一道游学读书，"三人务于精熟，而亮独观其大略"。看起来诸葛亮比徐庶等人确实要高明得多，因为观其大略的人，往往知识更广泛，了解问题更全面。

当然，这也不是说，读书可以马马虎虎，很不认真。绝对不应该这样。观其大略同样需要认真读书，只是不死抠一字一句，不因小失大，不为某一局部而放弃了整体。

参考文献

J. L. 奥斯汀. 如何以言行事［M］. 北京：商务印书馆，2012.

Searle, John. R. *Speech Acts: An Essay in the Philosophy of Language*［M］. Cambridge:
　　Cambridge University press, 1969.

陈伯海. 唐诗学文献集粹［M］.上海：上海古籍出版社，2016：117.

恩斯特·卡西尔. 人论［M］. 甘阳，译. 上海：上海译文出版社，2017.

弗朗茨·布伦坦诺. 心理现象与物理现象的区别［C］// 倪康梁. 面对实事本身：现象学经典文选.
　　北京：东方出版社，2000.

哈贝马斯. 交往行为理论：第一卷［M］. 上海：上海人民出版社，2018.

金圣叹. 金圣叹批评本水浒传：下册［M］. 长春：长春出版社，2014.

老舍. 茶馆.［M］. 成都：四川人民出版社，2017.

老舍. 老舍经典作品集［M］.长春：吉林出版集团股份有限公司，2017.

刘勰. 文心雕龙译注［M］. 王运熙，周锋，撰. 上海：上海古籍出版社，1998.

鲁迅. 鲁迅全集:第二卷［M］.北京：人民文学出版社，2005.

沈家煊. 名词和动词［M］. 北京：商务印书馆，2016.

维特根斯坦. 哲学研究［M］. 陈嘉映，译. 北京：商务印书馆，2013.

希利斯·米勒. 文学死了吗［M］. 桂林：广西师范大学出版社，2007.

约翰·塞尔. 表达和意义：言语行为理论研究［M］. 北京：商务印书馆，2017.

约翰·塞尔. 意向性——论心灵哲学［M］. 上海：上海人民出版社，2007.

第四章

话语意义和创意表达

语言的发明使人类获得了三项重要的能力，但同时也带来了一种附属于这些能力的弊病。首先是进行推理的能力，这一能力的基础是语词的含义可以从语词的指代的现实中获得。其次是进行自我表达的能力，人们可以各自成为自己的代言人。最后，第三项能力是联合为共同体的能力，通过一个集体的代言人——可以是一个个人或一个集体——的语词将分散的个体联合起来，并缔约以按照这个代言人的话语行事。然而，正如语言的能力所带来的光明一样，语言的弊病也同时给人类带来了黑暗。由于语词的获得，人类逐渐能够理性地打算未来，并为未来的欲望而付出努力。同时，由于语词的获得，人们还开始相互攀比，努力使自己获得比他人更大的权力。与其他动物不同，人与人的关系在本质上变得敌对起来，人们为将来而生活，就像为现在而生活一样，并始终生活于对长期安全的渴望之中。他们逐渐陷入了一方获益必使对方损失的零和博弈（zero-sum game）之中。①

语文教学，离不开意义解读，翻开课文，到处都是。我们以语文教材中的意义解读类型来说明文本的各种意义。

鲁迅的《阿长与〈山海经〉》[人教版《语文》（七年级下册）]中关于词语和句子意义的例子有：

[例4-1]［元旦］这里指农历正月初一。

[例4-2]［长（cháng）毛］太平天国的军队恢复蓄发不剃的传统，用以对抗清朝剃发留辫的律令，所以当时被称为"长毛"。

[例4-3]［孤孀（shuāng）］寡妇。

这三例是对课文里出现的词语进行的注解，用脚注的方式来释义。

在课后"思考探究"中，还有关于意义解读的题目：

[例4-4]"伟大的神力"在文中两次出现，联系上下文，说说其含义的不同。

[例4-5]文中一些语句略带夸张。揣摩下列语句，讨论括号里的问题。

a. 但到憎恶她的时候，——例如知道了谋死我那隐鼠的却是她的时候，就叫她阿长。（为什么要用"憎恶""谋死"这样的词语呢？）

---

① 菲利普·佩迪特.语词的创造：霍布斯论语言、心智与政治［M］.于明，译.北京：北京大学出版社，2010：182-183.

b. 然而我有一时也对她产生过空前的敬意。(这里用"空前"来修饰"敬意"，给你什么感觉？你怎么理解"敬意"在文中的具体含义？）

[例4-4]、[例4-5]放在课后思考题中，需要联系上下文来说明含义，看来和前面用脚注释义的词语有所不同。[例4-1]、[例4-2]、[例4-3]是词语的字面意义，不需要特定的上下文；[例4-4]、[例4-5]则是话语意义，是指在特定语境中话语传递的用法，话语意义除了字面意义以外，还有了搭配意义和情感意义。

在《陋室铭》和《爱莲说》的课后"思考探究"中有这样的思考题：

[例4-6]《陋室铭》结尾引用孔子的话"何陋之有"，有什么深意？与同学交流一下，在物质生活日益丰富的今天，应该如何看待作者所说的"惟吾德馨"？

[例4-7]《爱莲说》称莲为"花之君子"，根据课文内容，说说作者心目中的君子具备哪些美好品质。和同学讨论一下，如何理解"出淤泥而不染"的人生境界？

[例4-6]、[例4-7]中，要求探究的是篇章的主题意义，也是作者借助各种语句组织形式来传递的一种意义。这两个例子设计得也很巧，因为主题意义还可以细分为作者要表达的意义和读者理解的意义——表达意义和接受意义。

意义问题很复杂，语义哲学家们的讨论很深入，有兴趣的朋友可以阅读一些语义学的入门著作，如英国语言学家利奇的《语义学》。为了简洁，本章将意义分为三个层面：字面意义、话语意义、主题意义，主要讨论话语意义。三个层面的意义并不是截然分开的，如[例4-1]的"元旦"，从字面意义来看，"元者，首也"，就是一年中第一天，现在我们的理解是公历的元旦，一月一日，但是在鲁迅先生的文章中是指农历的正月初一；[例4-2]的"长毛"，字面意义是指"长长的毛发"，当时是用来指称太平天国的军队，因其蓄发，时人以长毛这一异于他人的特征来指代，含有一定的污蔑意义，是借代型的引申义，也有情感意义，实际上已经不是字面意义了，在利奇的分类系统中，可以归入"社会意义"中，即在一个地区或者时间范围内大家都能理解和使用的意义。鲁迅先生在文章中对阿长理解的"长毛"做了交代：

她之所谓"长毛"者，不但洪秀全军，似乎连后来一切土匪强盗都在内，但除却革命党，因为那时还没有。

每个人理解词语并不是按照词典中的释义，而是根据语境抽象出来的语义来理解词义。认知语言学提出一个词语——心理词库，是指我们头脑中储存的关于一种语言各词项的知识的心理表征，阿长的心理词库中，"长毛"的外延比当时社会意义的"长毛"也大一些，是指一切土匪强盗。

每个人都有一个心理词库，词典中的词语解释，其实是根据我们的心理词库整理出来的义项。美国语言学家塞缪尔·早川（Samuel Hayakawa）、艾伦·早川（Alan Hayakawa）的《语言学的邀请》是一本很有意思的语言学入门书籍，他们是这样说明字典的编纂过程的：

要给一个字定义，字典编纂者面前一定得有一堆解释这个字的卡片，每张卡片都代表一个在文学或历史上相当重要的人物某一次实际运用这个字的例子。编纂者仔细审读这些卡片，淘汰一些卡片，再仔细阅读余下的，然后再根据他个人所认为是这个字的不同意义，把这些卡片再分类放好。最后他才会严谨地照着放在他面前的那些字句所表示出来的某个字的某种意思，把定义写下来。编纂字典的人不能受他认为"某个字应该有什么意思"那种主见的影响，他一定得依据那些卡片工作不可。

因此，编一部字典并不就是发表许多权威性的理论，说明什么是什么字的"真正意义"，而是尽可能将不同的字在过去作家的眼光中代表什么意思记载下来。字典编纂者是历史学家，而不是制定法律的人……当我们说话或写作，无论决定用哪一个字的时候，我们可以将字典内记载的某个字过去的意义当作指导。可是我们不应受它的约束，因为新的情势，新的经验，新的发明，新的感情，随时都在迫使我们用旧的字来应对新的用途。[①]

本章讨论的话语意义，是指需要依靠语境才能确定的意义，包括指称与指示、预设与合作原则。通过不同的语境、语义和话语的运用，我们可以有创意地进行表达。

第一节　指称与指示

指称和指示一直都是语用学的核心话题。有一个笑话，说一个老师听说班级有一个同学作弊，很生气，气得说话都不利索了，说："你你你你你你你你你，为什么作弊？给我站起来！"然后台下有9个同学内疚地站了起来。老师使用这九个重叠的"你"其实只是指同一个人，没想到作弊的学生以为每个"你"专指一个作弊者，九个"你"该有九个作弊者。

吴伯箫《灯笼》[人教版《语文》（八年级下册）]中有一段话：

[例4-8]自从远离乡井，为了生活在外面孤单地挣扎之后，像这样慈母口中吩咐的话也很久听不到了。每每想起小时候在村里上灯学，要挑了灯笼走去挑了灯笼走回的事，便深深感到怅惘。母亲给留着的消夜食品便都是在亲手接过了灯笼去后递给自己的。为自己特别预备的那支小的纱灯，样子也还清清楚楚记在心里。虽然人已经是站在青春尾梢上的人，母亲的头发也全白了。

这段话中加下划线的部分，只有两个人物，作者和母亲，但却有好几个人称指示语，"母亲""亲手""自己""人"，到底是指称谁？如果连这些人称指示都弄不清楚，如何解读文章？

"亲手"比较容易确认，是母亲亲手接过灯笼，两个"自己"都是作者，但是两个"人"呢？是指母亲还是作者自己？"青春尾梢上的人"，是指当时吃夜宵的作者，

① 塞缪尔·早川，艾伦·早川. 语言学的邀请 [M]. 柳之元，译. 北京：北京大学出版社，2015：64-65.

还是指写作《灯笼》时的作者？或者是当年等着儿子晚自习回来的"青春尾梢上"的妈妈？因为缺少明确的指示词语，这几句话便显得有些含混。

在听读过程中能迅速准确地解读出指称和指示，在说写的过程能用简洁明了的形式来完成指称和指示，是一个人语言运用能力的重要体现，语文教学中要注意培养这种能力，语文教师最好能掌握指称、指示的相关知识，能把自己的语感加以体系化。最常见的例子是关于"人家"的所指对象：

《现代汉语词典》（第7版）"人家"有两个词条：

［例4-9］【人家】rénjiā　名词（1）住户：这个村子有百十户人家。（2）家庭：勤俭人家。（3）指女子未来的丈夫家：她已经有人家儿了。[①]

［例4-10］【人家】rén·jia　人称代词（1）指自己或某人以外的人；别人：人家都不怕，就你怕/人家是人，我也是人，我就学不会？（2）指某个人或某些人，意思跟"他"或"他们"相近：你把东西快给人家送回去吧。（3）指"我"（有亲热或俏皮的意味）：原来是你呀，差点儿没把人家吓死！[②]

我们用指称和指示的相关理论对"人家"的用法进行系统梳理，可以看出"人家"有名词功能，也有代词功能。

名词的指称有通指也有类指，还有专指。［例4-9］"人家"的名词义项（1）是通指，（2）是类指，（3）是专指，指称的范围逐步缩小，在不同的语境中用法不同，这些不同用法还都能被汉语使用者概念化，就形成了义项。

［例4-10］中作为代词的"人家"则是指示功能，是以说话人为参照基准，在语境中明确所指对象。从"别人"到"他们""他"，再转换视角，成为"我"，代词的前两个义项也是指称范围的缩小，义项（3）则是人称视点转换，从第三人称的角度来指称自己，有亲热、责备、俏皮等多种情态含义。我们看到"人家"的用法的演变，其实是指别功能的加强。

接下来对指称和指示进行具体的说明。

一、指称

（一）指称的概念

指称主要是指在语境中确定名词的所指对象。

上引《灯笼》例中"虽然人已经是站在青春尾梢上的人，母亲的头发也全白了"，这个"人"究竟是指谁？我们很难确定，但是我们知道，肯定不是指全体人类。这个"母亲"很明确，是单指作者的母亲，而不是全天下人的母亲。

张中行先生的《叶圣陶先生二三事》［人教版《语文》（七年级下册）］一文最后一段这样写道：

［例4-11］叶圣陶先生，人，往矣，我常常想到他的业绩。凡是拿笔的人，尤其

①② 中国社会科学院语言研究所词典编辑室 . 现代汉语词典［M］. 7 版 . 北京：商务印书馆，2016：1097.

或有意或无意而写得不像话的人，都要常常想想叶圣陶先生的写话的主张，以及提出这种主张的深重的苦心。

这个句子中第一个"人"是比较明确的指叶圣陶先生，后两个"人"是通指。这就是名词的指称问题，名词有概括性语义，但是所指称的对象，要结合说话人的意图和具体语境才能明确。

（二）名词性成分

陈平先生有一篇很重要的文章——《释汉语中与名词性成分相关的四组概念》，列出了实际话语中出现的与名词性成分相关的四组语义概念。以下参照陈平先生的体系做一个简单的介绍：

有指——无指　　　　　定指——不定指

实指——虚指　　　　　通指——单指

1.有指、无指语言成分必须满足的条件

如果名词性成分的表现对象是话语中的某个实体，那么该词语就是有指成分；否则，就是无指成分。陈平认为，语用学意义上的有指、无指语言成分，必须满足以下三个条件：

有指语言成分构成性规则1：语言成分所指的特定对象必须存在于语境之中，所谓语境，可以是周围的客观世界，可以是篇章话语构造的情景，也可以是说话人脑海里的景象；

有指语言成分构成性规则2：该指称对象对说话人来讲是一个特指事物，说话人知道具体指的是什么，至于对话人知道与否与我们讨论的有指、无指无关，这也是有指、无指区别有定、无定的一个重要方面；

有指语言成分构成性规则3：说话人具有使用该语言成分指称一个特定对象的意图。

2.语用无指成分的分类

通指用法语用无指成分在实际语言运用中可以分为以下五大类。

（1）通指用法

指的是名词所表示的是物种的某个类别，而不是特定的个体事物。

［例4-8］、［例4-11］中的"人"有时是通指，有时是指特定的人（母亲、叶圣陶）。通指属于无指，是根据有指语言成分构成规则1来确定的。

"街上人山人海"这个句子中的"人"是指客观世界中真实存在的人群；［例4-6］中"人已经是青春尾梢上的人"是指作家吴伯箫脑中的那个人；［例4-11］中"拿笔的人"则是通指作家这一类别。

（2）属性用法

"汽车配件厂"中的"汽车"，"老婆饼"中的"老婆"，表示的是跟中心语有关的属性，不是特定的个体事物，"汽车配件厂"中可能没有汽车，"老婆饼"中肯定没有老婆。

（3）惯用语用法

"穿小鞋"的用法中，"小鞋"是无指成分；"吃闭门羹"，也没有"羹"；"哑巴吃黄连"，语境中根本就没有哑巴和黄连。当然，我们也可以写一段对话，让"小鞋""羹""哑巴"还原为有所指。

（4）非特指用法

"玛丽想找一个学语言学的男朋友"，这个句子中"男朋友"就是一个无指成分，而"玛丽找了一个学语言学的男朋友"中"男朋友"则是一个有指成分，而且还是一个专指成分。

（5）非指向性用法

"这个消息，我是从一个医生朋友那儿听到的"，这个句子中的"医生朋友"可能是某一位特定人物，但是作者在这里只是提及而已，并不想在后文将注意力指向这位朋友。

请注意，名词的有指性并不是一个离散概念，上述五种用法，前三种都是百分百符合有指语言成分构成性规则的三个条件的；第四种用法只符合第一个条件，"男朋友"存在于玛丽的脑海中；第五种用法符合第一个条件，现实中可能存在一个"医生朋友"，对说话人来说，甚至知道是特指某个医生，但是不符合第三个条件。

3.比喻和象征

名词的有指和无指功能，可以帮助我们理解比喻和象征。

绪论中讲过的《春》用了大量的比喻，喻体"火""霞""雪""牛毛""花针""细丝""落地的娃娃"等都是无指成分，作者用这些物象，引领读者想象。

而"闭了眼，树上仿佛已经满是桃儿、杏儿、梨儿"，这些水果似乎是存在于作者脑海里的景象，但不符合有指语言成分构成性规则2。

而我们在第二章中提及的象征，和《春》中的比喻不一样，象征作为一种文学创作方法，只出现喻体，而且更为重要的是，这些喻体物象，都是存在于语境之中的，主要是存在于作者用精巧的篇章话语建构的文本世界中，我们不妨把象征界定为在场的喻体，作家对喻体进行深入细致的描述，不出现本体、比喻词，也不对相似性进行说明，只对喻体进行细致的刻画和表现，比如里尔克的《豹》[①]：

豹

——在巴黎植物园

它的目光被那走不完的铁栏
缠得这般疲倦，什么也不能收留。
它好像只有千条的铁栏杆，
千条的铁栏后便没有宇宙。

---

① 林笳.里尔克集［M］.广州：花城出版社，2010：41.

强韧的脚步迈着柔软的步容，
步容在这极小的圈中旋转，
仿佛力之舞围绕着一个中心，
在中心一个伟大的意志昏眩。

只有时眼帘无声地撩起。——
于是有一幅图像浸入，
通过四肢紧张的静寂——
在心中化为乌有。

豹作为一个象征，可以象征现代社会中的一个人、一个国家、一种高贵的精神，这个本体是什么，本体和喻体之间的相似性特征是要靠读者去解读的，象征让文本解读有了无限的可能性。隐喻理论习惯用映射图来表示喻体对本体的语义补充，如图4-1所示。

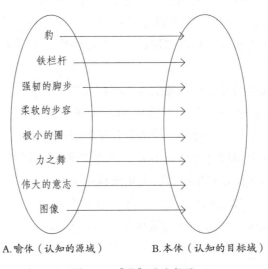

A.喻体（认知的源域）　　　　　　B.本体（认知的目标域）

图 4-1　《豹》的映射图

根据有指语言成分构成性规则的三个条件，我们试着把这首伟大的诗歌做一次解构：

符合有指语言成分构成性规则1，认知源域中的喻体物象，存在于里尔克建构的文本语境中，或者存在于说话人的脑海中；

符合有指语言成分构成性规则2，图4-1（A）中的"豹"对诗人来讲是一个特指事物，里尔克知道它具体指的是巴黎动物园中的豹子，但是读者如果看到副标题就以为里尔克只是在写一只真实的豹子，肯定是不全面的，必须根据我们自己的知识、体验、情感去积极探究，目标是完成对图4-1（B）框架中的信息建构。文本解读不是简单地打开信息包，还需要动用读者诸多过去的经验、知识储备，以及精神意志等主体特征去分析和解读；

符合有指语言成分构成规则3，里尔克具有使用"豹"这个语言成分指称一个特定对象的意图，可能这个有指成分还会激发诗人和读者更多的思考。

比喻和象征是语文教学中的重头戏，请看《驿路梨花》[人教版《语文》（七年级下册）]课前预习提示：

略读课文，注意这个故事写到了哪些人物，看看他们分别做了什么事。之后细读课文，想一想"梨花"有什么象征意思。

这不正是因为"梨花"这个喻体是存在于作家彭荆风所建构的文本世界中吗？在这篇文章课后的"思考探究"中，提出：

"梨花"在文中多次出现，所指不尽相同，请找出来，解释各自的含义，并说说这几次出现对全篇结构的作用。再想一想，用"驿路梨花"做标题有什么妙处？

语文教学要提升学生的语言建构能力，象征手法的训练就是一种很好的途径，除了在阅读中让学生体会象征的妙处外，还可以适当引导学生从名词的指称功能进行思考。作为一个语文老师，如果能具备较为系统的指称理论，在教学中就能自觉地运用理论，帮助学生逐渐积累和梳理语言学知识，掌握语言运用的规律，从语感走向语理。

二、指示

（一）指示的概念

指示现象也是语用学研究的基本课题之一，篇章中作者需要运用某些词语来交代语境中的说话者、所涉人物、说话时间、事件时间、说话地点、事件发生地点等，有时候还需要指明篇章中所涉及的相关话语信息，可以分为人称指示、时间指示、空间指示、话语指示四种现象类型。

一般来说，指示是按照自我中心的方式来完成的。黄衍提出了"我—这儿—现在"（I-here-now）的原则，也就是说，人称指示是以说话人为基点的，空间指示是以说话的地点为基点的，时间指示是以说话的时间为基点的。比如当一个人说"走了"，一般情况下这个动作"走"都是说话人发出的，时间是指向说话的当下，空间指示是说明说话者要离开当下说话的这个地方。但是这个"我—这儿—现在"的原则是可以被打破的，如：

[例4-12] a. 我明天中午能去你办公室吗？

　　　　　b. 我明天中午能来你办公室吗？

关于"去"和"来"的用法，一般认为，"去"是离开说话人当下所处的地方，"来"是到说话人当下所处的地方。[例4-12] a句是遵循"我—这儿—现在"的指示词语组织原则的，说话人离开自己所处的位置，朝着听话人所处的位置靠近；而[例4-12] b句则违背了该原则，"来"字将视点投射到听话人，以听话人为中心，说话人站在听话人的立场来言说，是为了表达对听话人的尊重，这种视点转换，是为了传递说话人的言外之意而选择的一种语用操作手段。

（二）视点转换

所谓指示视点转换（deictic projection）是指说话人为了传递特殊的语用含义、完成特殊的交际目的，在指示视点的选择上，由"言者中心视点"转移为"听者中心视点"，甚至"他者中心视点"的一种语用操作手段。

1.人称指示

人称指示现象是一种语用现象，作者可以通过不同的指示词语来表示语境中各种人物所承担的角色，表明人物之间的关系。

第二章中讲过在家里父子间的一个对话，父亲对儿子说："给你爷爷倒杯茶去！"而不会说："给我爸倒杯茶去！"儿子如果要提出同样的建议，会说："老爸，给爷爷倒杯茶去！"而不会说："老爸，去给你爸倒杯茶去！"这是典型的从儿称谓。

伍铁平专文讨论了汉语中的"从儿称谓"现象：

在国外，最早（于1889年）研究从儿称谓的是英国著名的人类学家泰勒（E. B. Tylor，1832—1917年）。在国内，就我们见到的文献，唐代（一说北魏）的徐彦谈到"似若今人谓妻为儿母……"（详下）。清代的钱大昕（1728—1804年）在《恒言录·卷三·亲属称谓类》中指出"后世妻之兄弟独得舅名，盖从其子女之称，遂相沿不觉耳"。但是他们都只是说了这么一句话，并没有全面地、系统地研究从儿称谓，更没有提出这个术语。在美国，就我们所知，是哈佛燕京学社的冯汉骥第一次将汉语的从儿称谓作为一个系统加以研究，但是其中有一些疏漏，还有个别比较武断的结论（详见下文）。赵元任在其所著《汉语中的称呼》一文中（收进他的论文集《中国社会语言学面面观》，斯坦福，1976，第339页）顺便提到了从儿称谓，他认为"公公""婆婆"在起源上也是一种从儿称谓（上引冯汉骥论从儿称谓的文章没有引这两个例词）。但是赵元任并没有全面论述这个问题。

此外，还有"从夫称谓""从妻称谓""从父称谓""从孙称谓""从弟称谓"等等（这几个术语是我们根据"从儿称谓"新造的，除从（母）称谓外，我们没有见到外语中有相应的术语）也都是亲属称谓的来源。[1]

篇章话语中的人称指示现象很丰富，《雷雨》中周朴园对鲁侍萍说：

你可以冷静点。现在你我都是有子女的人，如果你觉得心里有委屈，这么大年纪，我们先可以不必哭哭啼啼的。[2]

在文本语境中，哭哭啼啼的只有鲁侍萍一个人，周朴园可没哭，但是在表达中，周朴园用的是"我们"，这是建议行为中的常见伎俩，父母们在哄孩子的时候，都说"来，宝贝，我们打针了！""来，小宝，咱们喝药了！"

---

[1] 伍铁平.论汉语中的从儿称谓和有关现象［J］.中国语言学报，1984（2）：242-258.

[2] 曹禺.曹禺剧作［M］.杭州：浙江文艺出版社，2001：85-86.

人称指示词语的选择可以体现说话者的情感和态度，如《雷雨》中鲁贵和四凤的一段对话：

四凤：亲生的女儿也不能见天见地替您老人家还赌账啊！

鲁贵（严重地）：孩子，你可放明白，你妈疼你，只在嘴上，我可是把你的什么要紧的事情，都放在心上。

四凤（明白他有所指）：您又要说什么？

鲁贵（四面望了一望，逼近四凤）：我说，大少爷常跟我提起你，大少爷，他说……

四凤（管不住自己）：大少爷！大少爷！你疯了！……我走了，太太就要叫我呢。①

这段对话中，四凤用了三种不同的人称指示来称呼鲁贵，"您老人家"有尊重也有揶揄，"您"是女儿对父亲的习惯称呼，而"你"则多了对父亲的指责；四凤用"亲生的女儿"是采用了听者视点，强调自己和鲁贵的关系。

有时候我们使用人称指示语，可以推卸责任，就像一个孩子考试考砸了，妈妈责怪爸爸说："看看你儿子，又是班级第一名，倒数的！"可是当儿子考了第一名的时候，可能会变成："瞧瞧我儿子，多棒！"陈丹青在《笑谈大先生》中《鲁迅与死亡》一文中说：

当年国难当头，有人责难周作人先生为什么不肯离开北京。他说，我要抚养一家人，并指着老太太说："这是鲁迅的母亲呀！"听那说话，好像老太太不是他的母亲。②

2.时间指示

时间指示是指作者在话语表达中所涉及的时间，一般以作者写作时间为参照。记叙文肯定离不开时间，作者可以用日历时间来告知读者事件发生的时间，比如现代的公元纪年法、中国传统的甲子纪年法、玛雅纪年法，每个文化体系都会选择不同的时间参照点。日历时间不需要参照说话时间，但"目前""眼下""过去""下周"等时间词语，就需要参照说话时间来确认，与语境密切相关。

3.空间指示

空间指示是指话语表达中涉及的空间处所，和时间表达一样，我们可以用"北纬30度""浙江绍兴"等不需要语境就能确定的客观空间信息，也可以用"这里""那里""上面""下面""外面""里面"等指示词语，需要语境来帮助我们确定空间信息。

不同的文体，在表达时间和空间的时候，会选择不同的表达方式。说明文，多用日历时间和客观空间信息，比如艾萨克·阿西莫夫（Isaac Asimov）的《恐龙无处

---

① 曹禺.曹禺剧作［M］.杭州：浙江文艺出版社，2001：85-86.

② 陈丹青.笑谈大先生［M］.桂林：广西师范大学出版社，2011：40.

不有》〔人教版《语文》（八年级下册）〕：

例如，在1986年1月，阿根廷南极研究所宣布在詹姆斯罗斯岛发现了一些骨骼化石。该岛是离南极海岸不远的一小片冰冻陆地，非常靠近南美的南端。这些骨头毫无疑问属于鸟臀目恐龙。

这个段落中，使用日历时间"1986年1月"和客观空间信息"詹姆斯罗斯岛"，体现的是求真、严谨的科学精神。而《灯笼》〔人教版《语文》（八年级下册）〕则不同，没有用一个日历时间和客观空间，都是一些很含蓄的指示语：

金吾不禁的那元宵节张灯结彩，却曾于太平丰年在几处山城小县里凑过热闹：跟了一条龙灯在人海里跑半夜，不觉疲乏是什么，还要去看庆丰酒店的跑马灯，猜源亨油坊出的灯谜。

元宵节也不说明是哪一年的，太平丰年更是不知猴年马月，山城小县也不知何处所在。这些含蓄的时间指示和空间指示，是抒情散文的常用手法。看看《安塞腰鼓》〔人教版《语文》（八年级下册）〕一文中，只出现了一例疑似时间词：

当它戛然而止的时候，世界出奇地寂静，以至使人感到对她十分陌生了。

至于空间指示，"安塞"并不是实指一个地名，而是作为"腰鼓"的属性词，文中只出现一个地名"黄土高原"，一个远指代词"那儿"，一个疑问指示词"哪里"：

多水的江南是易碎的玻璃，在那儿，打不得这样的腰鼓。

除了黄土高原啊，哪里有再这么厚这么厚的土层啊！

这或许是抒情类文章的特点——超时空性，作者无意滞留于具体的时间、空间，也不想羁绊于具体的事件和人物。在指示词语的运用方面，客观求真的文章与抒情求美的文章，有很大的差异，请大家注意这个差异，在阅读理解和写作教学中善于运用。

张中行先生的《叶圣陶》〔人教版《语文》（七年级下册）〕一文中，记录了一段叶圣陶先生的直接引语：

我们在一起的时候，常常谈到写文章，他不止一次地说："写成文章，在这间房里念，要让那间房里的人听着，是说话，不是念稿，才算及了格。"

请问这段话中的空间指示"这间房"和"那间房"究竟是什么关系？有没有可能是指同一间房？这间房是有指还是无指？是实指还是虚指？

4.话语指示

话语指示是指篇章中用来引导读者明确上下文话语关系的指示语。费孝通的《乡土中国》的"家族"章开头这样写道：

我曾在以上两章中，从群己的关系上讨论到社会结构的格局。我也在那章里提出了若干概念，比如"差序格局"和"团体格局"。我知道这些生疏的名词会引起读者的麻烦，但是为了要表明一些在已有社会学词汇里所没有确当名词来指称的概念，我不能不写下这些新的标记。这些标记并没有使我完全满意，而且也有容易引起误会的地方。譬如有一位朋友看过我的那一章的分析之后，曾摇头说，他不能同意我说中国乡土社会里没有团体。他举出了家庭、氏族、邻里、街坊、村落，这些不是团体是什么？显然我们用<u>同一</u>名词指着不同的实体。

……我想在这里提出来讨论的是我们乡土社会中的基本社群，这社群普通被称为"大家庭"的。我在《<u>江村经济</u>》中把它称作"扩大了的家庭"。<u>这些名词</u>的主体是"家庭"，在家庭上加一个小或大的形容词来说明中国和西洋性质上相同的"家庭"形式上的分别。可是我现在看来却觉得<u>这名词</u>并不妥当，比较确当的应该称中国乡土社会基本社群作"小家族"。①

大家可以在这一段话中，找出多少个话语指示成分？指称、指示的共同特点就是要理解这些词语的所指对象，必须联系语境才能完成。例中加下划线的"以上两章"如果抽离语境，我们无法确认所指，翻开《乡土中国》，原来是"差序格局"和"系维着私人的道德"这两章；"那章""那一章"则是指"差序格局"章；"这些生疏的名词""这些新的标记"等是指"差序格局"和"团体格局"这两个名词；"这里"是指作者接下来要讨论的核心问题。

《乡土中国》是中学整本阅读训练的重要篇目，整书阅读任务群旨在引导学生通过阅读整本书，拓展阅读视野，建构阅读整本书的经验，形成适合自己的读书方法，提升阅读鉴赏能力，养成良好的阅读习惯。任务群还特别提出要阅读学术类著作，探究这类文体的语言特点和论述逻辑，各种指称、指示词语是学术类著作的重要特点，对培养学生的逻辑思维很有帮助。整本书阅读教学离不开对各种指称、指示词语的教学，一个成熟的写作者必须能自由地运用这些指称、指示词语。

第二节 预设

一、预设的概念

所谓预设，是指在话语中体现出来或者暗含着的某些客观情况，是预先假定当然成立的命题。一个基本特征就是预设在该命题的否定形式中依然保留。比如：

［例4-13］阿Q的前女友特别后悔这次离开未庄时又没跟王胡道别。

预设的信息按照话语的表层结构中特定项目来看，有以下预设信息：

（1）专名阿Q、王胡：预设有这么一个叫阿Q的人，还有一个叫王胡的人；

（2）特殊词缀"前"：预设阿Q现在有一个女朋友，之前还有一个女友；

（3）情感动词"后悔"：预设"离开未庄没跟王胡道别"；

（4）副词"又"：预设以前也没跟王胡道别。

预设在阅读理解和写作表达过程中都特别重要，作者可以把交际双方都知道的信息作为预设，不需要再另花笔墨去表述，一般的记叙文（小说）的开头，就包含

---

① 费孝通.乡土中国［M］.北京：人民出版社，2008：43-44.

了不少预设信息，请大家来分析以下句子的预设：

[例4-14] 我常坐老王的三轮。他蹬，我坐，一路上我们说着闲话。[人教版《语文》（九年级下册）《老王》]

[例4-15] 父亲总觉得我们家的台阶低。[人教版《语文》（七年级下册）《台阶》]

[例4-16] 不信这声音就是怒江。首领也不多说，用小腿磕一下马。马却更觉迟疑，牛们也慢下来。[人教版《语文》（七年级下册）《溜索》]

[例4-17] 七月天，中伏大晌午，热得像天上下火。何满子被爷爷拴在葡萄架的立柱上，系的是栓贼扣儿。[人教版《语文》（九年级下册）《蒲柳人家》]

小说的开头，就像一封邀请函，邀请读者直接进入作者建构的文本世界中，作者不必介绍各种人物的信息、时空信息，这些信息如果必要，会在叙事过程中加以补充。阅读过程其实就是在由各种明示信息和暗示信息建构的文本世界中遨游。

二、汉语中预设引发的项目

汉语中预设引发的项目主要有以下几类（以下用"＞"符号表示预设）。

（一）特指描写项目

话语中出现具有特指功能的人名、地名、事件，就预设这些成分都存在。如[例4-17]＞有何满子、爷爷这些人物的存在，有葡萄架及其立柱等物体的存在。

（二）认知动词和情感动词

知道中国队赢了。＞中国队赢了。又如：讨厌你说谎。＞你说谎了。

（三）状态变化

她开始有点喜欢这个男孩了。＞原来不喜欢。又如：他原来不喜欢吃西瓜。＞现在喜欢了。

（四）重述词语

他回归娱乐圈了。＞他退出过。又如：他又开始抽烟了。＞他戒过烟。

（五）时间状语

离婚后，他去了一趟西藏。＞他离婚了。

（六）强调结构

他是在奥运会上拿了金牌。＞他拿过金牌。

（七）对比结构

玛丽比她妹妹还要漂亮。＞玛丽很漂亮。

（八）反事实条件

如果你跟我一样聪明的话，你就可以考上研究生。＞你不如我聪明。

（九）问句

你要买多少价位的车？＞你要买车。

三、善用预设进行创意表达

大家在听说读写的过程中，要善于运用预设；在日常语言实践中注意梳理激发预设的词项；在实际写作过程中自觉运用，让我们的表达更加隽永有趣。

人教版《语文·教师教学用书》（八年级下册）在"口语交际·应对"篇中引用了冯骥才的《好嘴杨巴》应对李鸿章的故事：杨巴给李鸿章献上茶汤，结果李鸿章以为浮在汤上的碎芝麻是脏土，大怒，一把将茶汤打落，这时好嘴杨巴跪地叩头说："中堂大人息怒！小人不知道中堂大人不爱吃压碎的芝麻粒，惹恼了大人。大人不记小人过，饶了小人这次，今后一定痛改前非！"说完又是一阵响头。

李中堂这才明白，刚才茶汤上的黄渣子不是脏东西，是碎芝麻。又想这卖茶汤的小子更是机敏过人，居然一眼看出自己错把芝麻当作脏土，而三两句话，既叫自己明白，又给自己面子。于是说："不知者无罪！虽然我不喜欢吃碎芝麻（他也顺坡下了），但你的茶汤名满津门，也该嘉奖！来人，赏银一百两。"

我们看到了一个典型的合作范例，为了礼貌和面子，人们可能会说谎，有的时候，面子比真相更重要。可是，什么是真相？杨巴在说谎吗？如果杨巴直接说："中堂大人，恕小人直言，浮在茶汤上的是碎芝麻粒，不是脏东西。"耿直倒是耿直，但是小命难保啊。而一句"不知道大人不爱吃压碎的芝麻粒"应对敏捷，因为不管中堂大人"爱吃"还是"不爱吃"，其实已经预设了"那是压碎的芝麻粒"。中堂大人自然也是冰雪聪明，而不是倔强地说："呔，奸佞小人，耍什么小聪明，本堂就是把碎芝麻当成脏土了，你不要为本堂开脱。"那中堂大人事后也难免为民众、百官所耻笑。

第三节　合作原则

一、人类社会中的合作

人类社会究竟是一个合作共赢的大家庭，还是一个弱肉强食的丛林？

英国皇家科学院院士理查德·道金斯（Richard Dawkins）的名著《自私的基因》告诉我们，在自私的基因这一基本原理的指导下，即使在自私的人类世界里，合作和互助同样促使社会兴旺发达。合作和互助提倡的是非零和博弈，而不是你死我活的零和博弈。

美国语言学家迈克尔·托马塞洛（Micheal Tomasello）在《人类沟通的起源》提出与人类合作沟通密切相关的三个基本动机是：

（1）互利共生：比如，我答应你的要求，或我告诉你消息，是因为我们两个人都能从中得利；

（2）互惠：比如，我帮你是为了增加我合作的好名声，这样大家才愿意找我当合伙人，将来也会愿意回报我；

（3）文化团体选择：比如，我和你分享感情和态度，是为了增进我们彼此的共识，巩固团体归属感。

大家知道著名的囚徒困境吗？

囚徒困境是一个有趣的博弈。1950年兰德公司的梅里尔·弗勒德（Merrill Flood）和梅尔文·德雷希尔（Melvin Dresher）设计了如下场景：假如你和你的同伙被警方缉拿归案，面临一项重罪控诉。检方分别对你们俩进行审讯，并各自有一次选择的机会。如果你（A）充当背叛者，指控同伙（B）的罪行，B保持沉默，那么A坦白从宽，刑期为1年，而B获刑4年；如果两人都保持沉默，相互合作，互不揭发，检方证据不足，A、B分别获刑2年；还有一种结果是，两个人都互相背叛，相互揭发，都将被治以重罪，但考虑到两人都有检举揭发的表现，将被分别判处3年的刑期。请看囚徒困境矩阵表4-1。

表4-1　囚徒困境矩阵

A	B	
	合作	背叛
合作	A（2年），B（2年）	A（4年），B（1年）
背叛	A（1年），B（4年）	A（3年），B（3年）

从表4-1中可以看出，互相背叛是最坏的选择。从个人方面考虑，一人背叛，一人合作，有一个人受益，另一个人受损。但没有人是傻子，没有人愿意受损，因此，只要人与人互相信任，彼此合作，就能比自私自利获得更好的结果。借助这一思考工具，我们可以清晰地领会到合作的意义。

在马丁·诺瓦克（Martin Nowak）、罗杰·海菲尔德（Roger Highfield）的《超级合作者》中，作者指出：

合作可以为创新提供更好的支持，竞争则不能。要想激发创造力，鼓励人们提出原创性的想法，最好的手段是胡萝卜，而不是大棒。纵观整个世界的历史，无论是从单细胞到多细胞生物的进化，还是从蚁冢、村庄到城市的发展，合作始终是创作的源泉。没有了合作，进化中的建设性和复杂性也将不复存在。[①]

二、合作原则

（一）概述

或许，所有的生物都会交流沟通，否则很难生存，但是人类的交流是建立在合作和互惠利他的基本信念之上的。人类交际的最小单位是言语行为，言语行为的核心理念就是：人类的每一个句子都是在社会制度和规则框架下完成的行为。语用学

---

① 马丁·诺瓦克，罗杰·海菲尔德.超级合作者［M］.龙志勇，魏薇，译.杭州：浙江人民出版社，2013：7.

家们提出人类的言语行为规则主要有合作原则和礼貌原则。

美国哲学家格莱斯提出：在正常情况下，人们的交谈不是由一连串不连贯、没条理的话语组成的。之所以如此，是因为交谈的参与者都在某种程度上意识到一个或一组共同的目的，或者至少有一个彼此都接受的方向。这种目的或方向，可能是一开始就已经相当明确了的（如很多会议或者座谈都有一个核心论题），也可能是不明确的（如闲聊），也可能是在谈话过程中逐渐明确起来的。交谈过程中，不适合谈话目的或方向的话语被删除，使交谈得以顺利进行。这样，就提出了一个要求交谈参与者共同遵守的一般原则：合作原则，即在参与交谈的时候，说话人要让自己的话语符合所参与交谈的公认目的或方向。

（二）合作原则的四条准则

合作原则的四条准则是量准则、质准则、关系准则、方式准则。四条准则不仅仅是说话人遵循的，听话人同样潜在地遵守着，这就是所谓的合作。如果说话人有意违反合作原则，而又能被听话人理解，这时便产生了所谓的"会话含义"。

语言学家利奇用两个简单的英语句子来说明二者的不同：

［例4-18］a. What does X mean？（X是什么意思？）

b. What did you mean by X？（这个人说X是什么意思？）

或者换成我们的日常口语中的两句话：a."这句话什么意思？"b."你说这话什么意思？"前者是语义学范畴的问题，后者是语用学范畴的问题。

在［例4-18］a句是传统的语义学处理意义的方式，意义是处于一种二元关系之中，即符号—意义二者之间的关系；而在语用学中意义则处于三元关系之中，即交际主体（说者和听者）—意义—符号三者之间的关系。

合作原则的四条准则在很多语用学的书里介绍不少，本文不再重复已有的论述，而是通过具体的语用实例来说明合作原则在人类交际中的创造性表达。

（三）不遵守合作准则的情况

合作原则归纳出的人类常规交际中的这些原则，并不是严苛的规则，在某些特殊的语境中，是可以突破的。上述"合作原则"的各条准则是很重要的，但并不是说这些原则是不能违背的。格莱斯列举了四种可能不遵守合作准则的情况：

（1）受话人宣布不遵守合作原则及相关准则，例如"我不能说更多的话了"，"无可奉告"等；

（2）说话人悄悄地、不加声色地违反一条准则，例如"说谎"；

（3）说话人可能面临一种"冲突"的情况，即为了维护一条准则而不得不违反另一条准则；

（4）故意违反或利用某一准则来传递会话含义。说话人故意不遵守某一条准则，即受话人知道自己违反了某一条准则，同时还使受话人知道听话人违背了该条准则，但目的不是中断交谈，而是为了向受话人传递一种新信息——会话含义。

在科学技术语体当中，语言符号的工具性被充分地发挥，其主要的功能就是传递"言内之意"，而在文学艺术语体当中，则应该是将语言的创造性发挥到极致。在文学艺术语体中话语中丰富的言外之意就成为文艺语体的重要特征，文艺语体不以具体实用为目的，更多的是用语言作为虚拟社会生活、客观世界和情感思想等领域的材料。文学作品总是蕴涵着丰富的意义，需要读者去解读。

分析会话含义的核心在于如何借助于语境从结构意义中把握发话者真正的语用意图。发话者是如何向受话者发出推导信号的？语用含义的推理又是如何进行的？这是两个非常复杂的问题，语言学对这些问题其实还处于探索阶段，远远没有揭开其中的奥秘。只有充分认识了在交际中人们是如何运用言外之意，我们才能说我们真正认识了语言运用的奥秘。

目前比较普遍的看法是，故意违反合作原则就是会话含义的推理信号。合作原则假定交际双方在言语交际是尽量合作的，发话者在说话的时候会准确、清楚地在语句中表达出他想传达的信息，受话者一般不需要借助于其他语境因素来推理就能轻松地把握这些交际信息。而一旦在言语交际中，合作原则没有得到满足，受话者就必须调动更多的语言形式之外的信息（比如语境知识）来探索发话者的真正意图。

人教版《语文》（九年级下册）中"有创意地表达"写作训练中提出：

有创意地表达，是指表达时有新意，有个性，不落俗套。一篇有创意的文章，能让读者眼前一亮。写作时，要做到有创意地表达，除立意新颖外，还要注意以下几个方面。

首先，选材要新颖……

其次，角度要新颖……

再次，语言表达要新颖。语言新颖，涉及词语使用、句式选择、修辞手段等诸多方面。

此外，选用新颖的表现形式也很重要。文章的形式好比建筑物的外观，有新颖之处才会引人注目。比如，在记叙性文章、议论性文章、说明性文章之外，如果能够根据内容需要，恰当采用寓言、童话、剧本、小说、书信等形式，也会给读者带来新鲜的阅读感受。

语文课程核心素养中的"语言建构与运用"是语文学科的"本分"，要求师生在丰富的语言实践中，通过主动的积累、梳理和整合，逐步掌握祖国语言文字特点及其运用规律，形成个体的言语经验，在具体的语言情境中正确有效地运用语言文字进行交流沟通。语文教学要思考的核心问题是如何从语感提升为语理，语文教师要在语理上下功夫，合作原则和会话含义的推导能在语理探究上提供帮助。

三、四条准则具体内容

（一）量准则

量准则是指在交际中，发话人提供的信息要适量，不多也不少，话语所包含的信息量与实现本次交谈所需的信息量应该一致。

一方面，所说的话应包含当前交谈目的所需要的信息；另一方面，所说的话不应当多于或少于需要的信息。如果信息太多，就会浪费受话人的精力和时间，让接收者无法准确把握语用意图，如果所说的话中包含的信息量不够，听话者就不能充分领会说话人的意图。在一个双方都确定对方有能力并且真诚合作的交际场景中，如果说话人在交际中只提供了较少的话语信息，或者提供了较多的话语信息，那么，我们一般倾向于发话者有了和字面意义不同的语用意图。

言语行为和其他人类的行为一样，怎么省力怎么做，都接受"奥卡姆剃刀"原则（"如无必要，勿增实体"）的制约，可以用简单的形式，就不用复杂的形式，比如缩略语的使用。凡是我们高频使用的结构，一般都会逐渐趋向简单化。

在实际表达中，我们总是尽量想要表达得足够清晰，足够简单，即"简约而不简单"吧。以一个对话为例：

［例4-19］a. 你包里装的是什么？

b. 物质/食物/水果/苹果/美国进口的红富士/朋友从北美人肉背回来的有机红富士……

［例4-19］b句的回答可以有无数种选择，如果回答"物质""东西"的时候，我们知道这个家伙不太愿意跟我们说话；回答"水果""苹果"则意味着他已经提供了最为合适的答案，信息不多也不少，"简约而不简单"；而回答"朋友从北美人肉背回来的有机红富士"，提供这么详细的信息，则意味着他很想炫耀一下朋友对他的友情。

认知语言学提出基本层次范畴这一概念，认为每个词语都是在一个语义场的不同层级上的概念化认识。语义场可以简单分为上位层次（如食物）、基本层次（如苹果）、下位层次（如美国进口的红富士），越往上越抽象，越往下越具体，基本层次居中。由于基本层次范畴的词语使用频率高，习得时间早，认知难度低，内涵信息少，因此一般的孩子语言习得过程总是先学会基本层次范畴的词语，比如"苹果"，而不是先学会"红富士"。

语文教学中经常采取的词语比较法（替换法），可以用基本层次范畴理论来解释。比如在对《孔乙己》"排出九文大钱""摸出四文大钱"等文字进行赏析时，在付钱这个事件中，常见的动词（基本层次范畴）是"拿出"，这个词使用频率高，内涵信息少。而一个顾客要用"排出"这个词则需要一个较大的排钱的场景，"排出"还有依次的动态状态，"排出"的内涵信息更丰富，可以视为"拿出"的下位层次。

语文教学的核心任务是语言建构与运用，扩大词汇量是语言能力的基础，词汇量扩大了，表达就更准确了。表达准确，很多时候就表现为使用下位层次范畴的词语，而不是干巴巴地使用基本层次范畴的词语。使用下位层次范畴的词语，一般都包含着特殊的含义，因为语言运用的奥卡姆剃刀始终在监督我们的语言运用——如无必要，勿增实体，使用下位层次词语，则一定有作者特殊的语用目的。

故意违反量准则在话语中主要有这两种情况：一是话语中多出必要信息量的信息，二是说话人有意减少必要的信息量，从而产生言外之意。下面的句子看似废话，实际上有其特殊意义：

［例4-20］a. 男人就是男人。

b. 足球是圆的。

一个常规的判断句如"他是一个男人"，主项和谓项应该不同。［例4-20］中a句从字面意义上看一点信息量都没有，但却能在不同语境中传递说话人不同的情感态度。［例4-20］中b句看起来也是一句废话，"足球是圆的"众所皆知，说话人用这句话来表达足球比赛中存在的各种偶然性。

［例4-21］就在这种情况下，我想起十五队的队医陈清扬是北京医学院毕业的大夫，对针头和勾针大概还能分清，所以我去找她看病。①

这句话中表达者对一个医生的评价是"对针头和勾针大概还能分清"，显然与我们心理认知的北京医学院毕业大夫的医学水平相差甚远，但是这句话却表达出作者对"文革"时期医生的水平的辛辣讽刺。

违反量准则的主要修辞手段是借代（即转喻），主要是用最为凸显的部分来代替整体。但一般情形下整体比部分显著，用整体来转喻部分司空见惯，人们几乎意识不到是在运用转喻。比如，手里拿着锤子，其实只是拿着锤子的把柄；他戴着红领巾，是他脖子上戴着；铅笔折了，是铅笔尖断了。

在特殊情形下部分可能比整体显著，如"见到的尽是新面孔""他又在敲键盘了"等，"新面孔"指代单位中来的新员工，"敲键盘"可以转指"写文章"，在过去用"爬格子"来借代。借代看起来是信息量传递不足，但表达出了作者的独特认识，具有了明显的创新性。

借代不仅可以运用在词语层面，也可以运用在句子层面，比如下列判断类行为，就是用借代的方式，创造性地表达出"手机""代沟"等个体化认知：

［例4-22］手机是春节时不能回家的儿子对妈妈的那声祝福，是危重病人向120发出的呼救，是远隔千里不能朝朝暮暮的恋人之间的絮语。最后，让我们一起说声："手机，谢谢你。"

［例4-23］代沟就是女儿问："爸爸，你觉得《菊花台》怎么样？"爸爸回答说："我没喝过。"

另一方面，在口语交际中由于话语信息极易耗散，所以表达者普遍采取了重复的表达方法。另外在通知传达重要信息的时候也经常使用重复表述，比如在通知中我们经常看到这样的表达形式：

［例4-24］请全体运动员5月18日（星期三）下午两点准时参加训练，准备下周的校运会。

同一种语言的不同文体，由不同的人运用，在不同的场合运用，冗余度也会不同。比如报纸标题高度精练，不允许冗余，并且经常出现句式压缩的现象，而在文学作品中为了渲染意义和表达情感，则经常会出现反复强调等修辞手段。

---

① 王小波. 黄金时代［M］. 长春：时代文艺出版社，2001：2.

另外，传播媒介也会影响语言符号形式的简洁性，甲骨文、金文时代，书写材料珍贵，刻写起来也很困难，表达者惜墨如金，尽可能做到言简意赅。从金文到竹简、帛书，再到纸张，从刻写到印刷，再到今天键盘输入、语音输入、激光照排等，语言表达在形式上越来越丰饶，意义上也具备了朝向更加精微细致的表达的可能性。

（二）质准则

质准则指的是在言语交际中，话语所提供的信息内容必须跟语境中的实际情况相一致，说话者所说的话应力求真实，尤其是：第一，不要说自知是虚假的话；第二，不要说缺乏足够证据的话。

当一个红绿色盲把红灯说成是绿灯的时候，我们不会说他是在撒谎，因为我们知道这是他的认知能力出了问题。一个聋哑人说没听到门铃，我们也不会怪罪他的怠慢。当一个孩子说他看见了外星人，我们也不能责骂他是个说谎精。

说谎这种言语行为就是说自己明知是虚假的话语，但有时候，我们说出明知是虚假的语，却并非说谎。比如，我们说"这位足球明星的左脚可以拉小提琴"，这是夸张，是为了强调球星左脚的灵巧度；而说"他这个老狐狸"，则属于修辞当中的隐喻，也是为了使受话者更好地认知该人的狡诈。

在合作原则中我们说到，不要说自己知道为假的话，也不要说缺乏足够证据的话。但是我们在实际的语言表达中，经常会说"自知为假的话"，比如谎言、谣言、虚构、隐喻、反讽等，还有人认为人类交际和其他动物交流最大的区别就是：人类会说谎。

神话在最初被讲述的时候，是被当作事实来讲述的，人们讲述盘古开天地或者伊甸园、大禹治水、挪亚方舟等故事，都是"用想象来建构秩序"的。以色列人尤瓦尔·诺亚·赫拉利（Yuval Noah Harari，以下简称尤瓦尔·赫拉利）在《人类简史：从动物到上帝》中说到道：

> 所有这些合作网络，不管是古代美索不达米亚的城市，还是秦朝和古罗马的帝国，都只是"由想象所建立的秩序"。支持它们的社会规范既不是人类自然的天性本能，也不是人际的交流关系，而是他们都相信共同的虚构神话故事。[①]

《人类简史》认为，人类所有的阶级区别全都是人类想象的产品，每一种由想象构建出来的秩序，都绝不会承认自己出于想象和虚构，而会大谈自己是自然、必然的结果。我们以为那些是藏在我们内心深处的渴望，却不过是主流虚构故事的产物。

虚构的主要行为意图是通过想象建立社会秩序，塑造我们的欲望。而隐喻则是人类将其某一领域的经验用来说明或理解另一类领域的经验的一种认知活动。在人类其他的文化和艺术活动过程中，我们到处都能看到隐喻的存在。隐喻不仅是一种修辞方式，更是一种人类的认知现象。

[①] 尤瓦尔·赫拉利.人类简史：从动物到上帝［M］.林俊宏，译.北京：中信出版社，2014：103.

乔治·莱考夫（George Lakoff，以下简称莱考夫）和马克·约翰逊（Mark Johnson，以下简称约翰逊）的《我们赖以生存的隐喻》中认为，隐喻在日常生活中是无处不在的，不但存在于语言中，而且存在于思想和行为中。我们赖以进行思考和行动的日常概念系统，在本质上也基本上是隐喻性的。莱考夫和约翰逊对隐喻的定义是：隐喻的实质就是通过另一类事物来理解和经历某一类事物。

隐喻是从一个范畴域向另一个范畴域的结构映射，即从"始发域"向"目的域"的映射。通常人们是把较为熟悉的具体的范畴域映射到不太熟悉的抽象的范畴域上，这样便于对后者的理解。隐喻已经从传统的修辞学的研究对象逐渐变成众多学科的研究对象，如语言学、哲学、心理学、文学批评、认知科学、语言心理学、翻译学、符号学及外语教学的研究对象。保罗·利科（Paul Ricoeur）的《活的隐喻》从诗学、修辞学、话语语义学、语词语义学、新修辞学、指称及哲学话语之间的关系的角度对隐喻进行了详尽的论述。从不同的角度对隐喻的研究说明人们越来越深切地意识到隐喻在人类认知和社会活动中的不可低估的作用。

在许多的语篇中，写作者往往借助隐喻来说明和解释读者不太熟悉、不太了解的事物。以一个隐喻贯穿语篇始终，形成一个核心隐喻，支配若干由隐喻或由一个中心意象引申出的若干相关的次要意象。

我们试着分析一下下面这个篇章的隐喻结构：

君子是水，小人是油。下厨多年，这也算是心得。

水，视之清澈；触之凉爽，容易蒸发；尝之味淡，一抿即过。水之为用，肮脏的能洗之使洁净；凡所至处，面目一新。水性能容油，一壶沸水中倾入一瓶油，不会激炸，然亦各自分别，绝不相混。水诚为君子也。

油，视之浑浊，透明度差；触之滑腻，附着力强；尝之味浓，滞留齿舌。油之为用，洁净的能污之使肮脏；凡所浸处，从此结垢。油性不容水，一锅沸油中滴入一滴水，立刻激炸，必定猛烈排除，绝不妥协。

油真是小人哉。[①]

另一种常见的违反质准则的修辞手段是反讽，包括正话反说和反话正说。正话反说，是指以消极命题来表达积极正面的含义；而反话正说，则是通过积极命题来表达消极含义。反讽被认为是一种成年人之间交际的标记，因为这种修辞手段是建立在"我知道你知道我在说假话"的认知基础上的。

下面这个篇章，就是一个典型的反讽语例：

吸烟有四大好处，很多人都不知道。

"吸烟有害健康"，这谁都知道。

但医生、研究人员其实也是发现了吸烟的好处的，只是一直"秘而不宣"。

秉着实事求是的态度，丁香医生决定把这些好处列出来，主要有四点。要不要

---

① 流沙河.含笑录［M］.海口：海南出版社，2007：23.

继续抽烟，看完了你再决定。

第一，为医学和人类做贡献。

卷烟有丰富的致癌成分（例如尼古丁、烟焦油等），还有全天候发出电离辐射的钋和铅，因此烟民的患癌概率比不吸烟的人高得多得多。

另外，有据可查的、与吸烟相关的疾病，还包括中风、阳痿、糖尿病、骨质疏松、冠心病、消化道溃疡等数十种疾病。

如果不惮以自己的肉身，为医疗研究增添了一个观察样本的话，那么就继续抽烟吧。这也算是为医学研究做出自己的一份贡献了。

第二，吸烟能降低体重。

因为烟草中的尼古丁能抑制食欲，还让人特容易上瘾，用吸烟的愉悦感替代了吃东西带来的"快感"，是"不打针、不吃药、无痛苦"的"绿色减肥法"。

只要不戒烟，想把体重降到危害健康的程度也不难。

只是得付出点代价，减重的过程中，神经系统会受损，典型表现就是味觉变迟钝，直到有一天，你突然发现吃什么都是一个味儿……

第三，增强雾霾抵抗力。

近几年雾霾天气频发，PM 2.5 的危害大家已是耳熟能详。

但如果习惯了吸烟，那就不用担心雾霾的伤害了，毕竟早已"适应"雾霾了。

国际防痨和肺病联合会的资料显示：

吸完1支烟后产生的烟雾，可令30平方米的室内的PM 2.5值暴增到800；

吸完2支烟后产生的烟雾，可令30平方米的室内的PM 2.5值进一步增长至1000。

要知道，室外空气污染非常重的时候，空气中PM 2.5 指数也不过500 而已，对于长期吸烟的人来说，这点指数真不算啥了。

第四，减少因接吻患病的机会。

有研究发现，接吻的过程中，双方会交换约8000 万的口腔细菌。

一些通过飞沫、唾液传播的疾病，也会通过接吻传播。

但吸烟，也许真能减少这个风险。

因为吸烟会导致口臭，口臭能减少接吻的机会，从而间接降低了通过口唇接触传播疾病的风险。

而且，吸烟还能加剧牙龈炎、牙周炎，帮助细菌生长，减少唾液分泌，防止舌头和牙齿上的细菌被冲刷掉，能对口腔里的有害菌起到很好的保护作用。

这些细菌的存在，会加重口臭。

再加上烟草燃烧本身就会释放让人"过鼻不忘"的气味，"抽烟越长久，口气越醇厚"。[1]

这篇文章通过列举抽烟的四大好处，看起来违反了质准则，实际上是为了更好

---

① 参见 https://www.sohu.com/a/227144700_100032159。

地告知大家抽烟带来的危害。反讽是成人的语言标记，每一种言语行为似乎都可以采取反讽的方式来进行。

比如我们听到这样的祝福，就能很快辨识出它的反讽意味：

恭喜你，这次考试你又挂了。

祝福是一种表情行为，是在说话人知道对方取得了某些成绩或者有所收获的时候做出一种真诚表达，不能在对方受损、失败后送他祝福。

听到下列承诺，你也能判断出说话者的恶意：

我承诺在期末考试中会让你们一个个连题目都看不懂。

叫我少啰唆？哼，我保证以后每天都啰唆到让你头痛欲裂。

因为我们知道承诺的适宜条件是说话人在未来完成某个行为，让对方有所获益，而不是让对方受到伤害。如果表达的是让对方在未来受损的行为意图，承诺就变成威胁了。

违反质准则产生的会话含义，要求读者拒绝字面意义，判断作者的知识和信仰，然后推导出新的意义。

✎ 练习

创作一段话，让你笔下的人物违背质准则，做出各种有会话含义的言语行为。

当然还要注意，话语表达遵循质准则就一定合适吗？有些真实情况是无须说的，有些真实情况是不能说的。一个人在一个场合说出某个看起来真的句子，也是有其行为意图的。以一个幽默故事为例：

［例4-25］滴酒不沾的船长彼得厌恶船员杰克酗酒，有一天他在船上的公告栏中写道：

船员杰克今天喝得酩酊大醉。

第二天，酒醒之后的杰克看到这个公告，也在上面写道：

船长彼得今天没有喝得酩酊大醉。

这个故事本身就是一个叙事类语篇，在这个篇章中船长写下"杰克今天喝得酩酊大醉"的意图是对其"喝醉酒"这一行为的批评，是希望杰克以后能少喝点。而杰克在第二天写的句子当中，却暗含着"船长彼得每天都喝得酩酊大醉，只有昨天没喝醉"的意图。

为什么会产生这样的言外之意呢？这是因为叙事句和其他完成行为句一样，都有其相应的适宜条件，一旦话语和适宜条件产生了违背，就可能出现两个话语效果：一是这个话语无效，二是这个话语表达了言外之意。［例4-25］的故事中，船长彼得是个滴酒不沾的人，船员杰克的话"船长彼得今天没有喝得酩酊大醉"如果从话语信息方面来分析，是没有任何新信息的，但是放在这个语境当中，人们很容易得出"杰克只有今天喝醉了，其他时间并没有酩酊大醉，而船长彼得除了今天之外，天天都酩酊大醉"这样的言外之意。这是因为公告栏中公布的信息一般都是非常规信息、新信息正如新闻报道的事件，都是新信息，所以英语中的新闻就是"news"。我们查询了一些新闻标题，否定句都有它的语用预设，才能成为新闻标题，如2018年春天"叙利亚今天没有被轰炸"可能出现在各大新闻的头版头条上，但是"浙江省今天没有枪声"是不会出现在媒体上的，甚至没有人会说这句话，因为说这句话是没有任何新信息的。

（三）关系准则

关系准则指的是话语和话语之间在形式和逻辑上都应该是相互关联的。说话人按照所说事物之间的逻辑联系，按照一定的心理顺序来组织话语。如：

［例4-26］甲：请问现在几点了？

乙：七点了。

［例4-27］甲：请问现在几点了？

丁：康德先生出来散步了。

这两个对话中，乙的回答是关联性很强的，而丁的回答关联性较弱。据说德国哲学家康德先生每天都在七点钟准时散步，小镇上的人都用康德散步作为时间标志。

请问我们的对话永远像［例4-26］中甲和乙之间的对话吗？这种形式简单、容易理解的信息在陌生人之间的交流是很合适的，但是在熟人之间，彼此有许多共享知识，都知道关于生活的共同的知识、彼此的心理情感喜好，我们往往愿意采取［例4-27］中甲和丁式的对话，这种对话在陌生人看来是不关联的，但是在甲和丁之间却建立起一种归属感和认同感。人与人之间能进行这种心有灵犀的交流，本身就是一种抚慰，语言交际不仅是为了提供新信息，同时还有心灵抚慰的功能，需要用语言来确认双方之间的情感距离，建构社会群体关系。甚至有的时候我们需要猜谜，来训练我们的智力。我们还需要含蓄的诗歌表达，来表达人类深刻的思考，或者隐藏不合时宜的思想。

1986年，法国的语言学家、哲学家丹·斯珀伯和英国的语言学家迪埃珏·威尔逊出版的专著《关联性：交际与认知》一书，提出了涉及交际与认知的关联理论。成功交际的关键在于说话人和听话人成功找到了最佳关联。关联性越强，话语就越直接，认知所耗的脑力越小，给受话者带来的认知负荷就越小；关联性越弱，话语就越隐含，消耗的脑力越大，受话人的认知负荷就越大。

交际中，说话人对认知负荷增减的利用就表现为一种交际策略的利用。要让话语关联，必须做到以以下两点：

第一，该话语足以使听话人能够找到说话人想要表达的意思；

第二，说话人想要表达的意思值得听话人去付出处理努力，也就是说要给听话人提供足够的"益处"。

当然，有些不关联的话语，也可能纯粹是逗你玩儿的语言游戏。如：

［例4-28］甲：你贵姓啊？

乙：我坐汽车来的。

甲：叫什么名字啊？

乙：我肚子不疼。

甲：家住哪儿啊？

乙：我刚洗完澡。

这是一个相声选段，甲和乙之间的对话答非所问，明显违反了关系准则。可别以为这样的笑话只有在相声段子中才存在，现实生活中有无数个"顾左右而言他"的语用现象。想想我们是怎么向别人借钱的？没借过钱，总央求过别人的帮助吧？提出借钱请求之前，我们可能会故意说一些和钱无关的事情，等我们提出借钱请求之后，对方可能会故意说一些和钱无关的事情。

"相互关联"是一个模糊概念，话语形式之间是否关联随着不同的语用主体和语境变化而变化，口语交际中一些话语可能在字面看来不很相关，但是由于现场语境的介入，这些交际却很顺利。另外，各种语体的话语对关系准则的要求也不同，诗歌话语中可以提供一些看起来毫无关联的语句，激发读者的想象力来完成阅读。而一些科学论著、法庭辩论的话语中则必须严格遵守关系准则。

（四）方式准则

方式准则指的是话语交际中说话者必须清楚明白地说出要说的话，尤其要避免隐晦、避免歧义，做到简练和有条理。比如：

[例4-29] 昨天我看见你和一个女人在一起散步。

如果说话人认识那个女人，一般就不会使用"一个女人"这样的不定指称，如果还使用不定指称，就违背了方式准则中的"避免隐晦"的原则。

方式准则要求话语的表达方式清楚明白，简明易懂，一旦在话语中发生了违反方式准则的情况而受话人又认为这是事出有因的话，就会去推求其中的言外之意。如：

[例4-30] 甲：你会打篮球吗？

乙：打不过勒布朗·詹姆斯。

中国的算命先生表达技巧很高明，比如说一个人来问父母的寿命，算命先生回答五个字"父在母先亡"。这五个字有多少种解读方式呢？

对已发生的事实陈述：

a. 父还在，母先亡了。

b. 父在母亲之前去世了。

对未发生的事实预言：

c. 父亲还在，母亲将先去世。

d. 父亲将先于母亲去世。

算命先生用这种含蓄隐晦的表达，不加标点，几乎可以解释为所有的可能性。汉语引进和建构了完整的标点符号系统，让原来隐含在语词间的逻辑关系、情感态度明确呈现出来，因此不可忽视标号、点号的语用功能。

迈克尔·托马塞洛提出：

人类的沟通行为本质上是一种合作的事业，在①彼此假定的共同概念基础下，②彼此假定的合作沟通动机下，以最自然且平顺的方式进行……人类合作是由现代行为哲学家所谓的共享意图（shared intentionality）或"我们"意图（"we" intentionality）所组成。一般而言，共享意图是从事人类独有的合作式活动所必备的，这种活动的主体一定是复数的"我们"：大家有共同的目标、共同的意念、共同的知识、共享的信仰——而且都是在具有合作动机的情境下进行。①

人教版《语文》（八年级下册）有一篇"当代毕昇"王选的演讲《我一生的主要抉择》，结尾是这样的：

最后我送给大家一个公式，来结束我的这场"狗皮膏药"式的演讲，这是心理学家荣格的一个公式，我非常赞赏，就是"I plus we equals to Full I"（I+WE=Full I），大家很强调要体现自我价值，体现自我价值，需要把自己溶在"we（我们）"这个大集体里面，最终完全体现自我价值。

王选引用荣格的公式，倡导个体必须融入群体，才能成为完整的我。融入群体，最需要的是群体合作。群体合作，需要通过话语交际，需要合作原则，也需要隐喻、借代、反讽等创造性表达手段。

参考文献

保罗·利科. 活的隐喻［M］. 汪堂家，译. 上海：上海译文出版社，2016.

曹禺. 曹禺剧作［M］. 杭州：浙江文艺出版社，2001.

陈丹青. 笑谈大先生［M］. 桂林：广西师范大学出版社，2011.

陈平. 释汉语中与名词性成分相关的四组概念［J］. 中国语文，1987（2）：81-92.

陈平. 语言学的一个核心概念"指称"问题研究［J］. 当代修辞学，2015（3）：1-15.

丹·斯珀伯，迪埃珏·威尔逊. 关联：交际与认知［M］. 蒋严，译. 北京：中国社会科学出版社，2012.

菲利普·佩迪特. 语词的创造：霍布斯论语言、心智与政治［M］. 于明，译. 北京：北京大学出版社，2010.

费孝通. 乡土中国［M］. 北京：人民出版社，2008.

黄衍. 语用学［J］. 北京：外语教学与研究出版社，2009.

杰弗里·N.利奇. 语义学［M］. 上海：上海外语教育出版社，1987.

理查德·道金斯. 自私的基因［M］. 卢允中，等译，北京：中信出版社，2018.

林笳. 里尔克集［M］. 广州：花城出版社，2010：41.

流沙河. 含笑录［M］. 海口：海南出版社，2007.

---

① 迈克尔·托马塞洛. 人类沟通的起源［M］. 蔡雅菁，译. 北京：商务印书名，2012：4-5.

马丁·诺瓦克, 罗杰·海菲尔德. 超级合作者 [M]. 龙志勇, 魏巍, 译. 杭州: 浙江人民出版社, 2013.

迈克尔·托马塞洛. 人类沟通的起源 [M]. 蔡雅菁, 译. 北京: 商务印书馆, 2012.

乔纳森·波特, 玛格丽特·韦斯雷尔. 话语和社会心理学——超越态度和行为 [M]. 肖文明, 等译. 北京: 中国人民大学出版社, 2006.

乔治·莱考夫, 马克·约翰逊. 我们赖以生存的隐喻 [M]. 何文忠, 译. 杭州: 浙江大学出版社, 2015.

汝绪华, 汪怀君. 国外政府道歉研究的兴起及评述 [C] // 上海市哲学社会科学规划办公室, 上海社会科学院信息研究所. 国外社会科学前沿 (2013第17辑). 上海: 上海人民出版社, 2014.

塞缪尔·早川, 艾伦·早川. 语言学的邀请 [M]. 北京: 北京大学出版社, 2015.

王小波. 黄金时代 [M]. 长春: 时代文艺出版社, 2001.

伍铁平. 论汉语中的从儿称谓和有关现象 [J]. 中国语言学报, 1984 (2): 242-258.

尤瓦尔·赫拉利. 人类简史: 从动物到上帝 [M]. 林俊宏, 译. 北京: 中信出版社, 2014.

中国社会科学院语言研究所词典编辑室. 现代汉语词典 [M]. 7版. 北京: 商务印书馆, 2016.

第五章

篇章结构和话题链

夫人之立言，因字而生句，积句而为章，积章而成篇。篇之彪炳，章无疵也；章之明靡，句无玷也；句之清英，字不妄也；振本而末从，知一而万毕矣。夫裁文匠笔，篇有小大；离章合句，调有缓急；随变适会，莫见定准。句司数字，待相接以为用；章总一义，须意穷而成体。[①]

第一节　什么是篇章？

篇章是人类交际的最大单位，当然也是语文教学赖以生存的物质形式。教语文，首先是教篇章，在篇章教学过程中教学生认字词、习语句、练读写，在篇章教学中发展学生思维和品质，在篇章教学中提高学生审美鉴赏与创造力，也在篇章教学中完成文化传承与理解，更在篇章教学中实践语言建构与运用。

可是，什么是篇章？一些句子组成一个段落，一些段落组成一篇文章。那么，篇章需要具备哪些特征？这些问题对我们在篇章教学中落实语言建构与运用这一核心任务至关重要。

根据相关的篇章语言学研究和我的阅读经验，大致可以从以下几个方面对篇章进行一个界定：

（1）篇章总是出现在一个具体的时空语境中的，总是由一个或一些具体的人写出来的。比如《祝福》是鲁迅先生的作品，《论语》则是由孔子弟子编写的，有些文章还经过长时间、多人不断地增删与修订。

（2）篇章总是关于某些话题的信息结构。如杨绛的《老王》是向读者介绍车夫老王的不幸命运，刘成章的《安塞腰鼓》是关于黄土高原上腰鼓表演的盛况，吴伯箫的《灯笼》是介绍作者对灯笼的记忆。

（3）篇章有明确的交际意图，是为了传递信息、表达作者的思想情感、影响读者的认知、激发读者行动。杨绛写老王，除了讲一个车夫的故事之外，是想表达一个幸运的人对一个不幸者的愧怍；刘成章写安塞腰鼓，除了记录表演盛况之外，还想歌颂中华民族内蕴的酣畅淋漓的生命力；吴伯箫写灯笼，是想记录岁月的沧桑，

表达作者与时代同呼吸共命运的担当。

（4）篇章是一个完整的语义递进结构，由段落构成，每个段落表达相对独立的意义，都可以被识别为各种言语行为。

（5）利用代词替换、词汇重复、省略、关联词、过渡句等手段建构语篇的关联性和完整性。

以上特征可以帮助我们解读一篇文章，（1）（2）（3）主要是从语用层面来说明，（4）主要是是从语义层面来说明，（5）主要是从语形层面来说明。但总体来说，篇章是语用层面的问题，正如言语行为理论提出的，交际的最小单位不是句子，而是言语行为，所谓的交际成功，就是作者能够通过话语表达让读者顺利领会自己的意图，激发读者行为。篇章是最大的交际单位，是由若干个可以被识别的言语行为组成的。

高考作文命题的题目部分就是一个篇章，接下来以2015年高考语文新课标全国1卷中的作文题来说明篇章的特征。题目如下：

因父亲总是在高速路上开车时接电话，家人屡劝不改，女大学生小陈迫于无奈，更出于生命安全的考虑，通过微博私信向警方举报了自己的父亲；警方查实后，依法对老陈进行了教育和处罚，并将这起举报发在官方微博上。此事赢得众多网友点赞，也引发了一些质疑，经媒体报道后，激起了更大范围、更多角度的讨论。

对于以上事情，你怎么看？请给小陈、老陈或其他相关方面写一封信，表明你的态度，阐述你的看法。

这就是一个篇章，它是在2015年由高考命题组专家完成的，给考生提供信息（小陈举报父亲开车时接电话，引发网友热议）和指令（请考生写信表达态度，阐述看法）。这个篇章由两个段落组成，第一个段落是一组告知行为，第二个段落是一组指令行为。

孙绍振先生认为该题目有相当水准，依法治国的精神很明确，把法规和亲情的矛盾放在考生面前，迫使学生思考；倾向性虽然明显，但还是给考生留下了发挥的空间，题目中有"点赞""质疑""更多角度的讨论"等词语显示对该篇章核心信息的不同意见；要求以书信的形式向具体读者表示自己的态度，说理抒情皆可。孙先生肯定了题目在语用意图、言语行为指向方面的优点，但是认为高考作文命题的语言，应具典范性，应该简明、精炼，不能芜杂，至少应该像鲁迅先生所教导的那样，将可有可无的字句删去。他认为这个作文题目连标点约200字，冗余达40字，占命题总字数的1/5。以此等文字水准，担当全国命题之大任，良可叹也。下文是孙先生对该命题的批注，把他认为冗余的词语放在了括弧中：

（因）父亲总是在高速路上开车时接电话，（家人）屡劝不改，女大学生小陈（迫于无奈，更）出于生命安全（的）考虑，通过微博私信（向警方）举报（了自己的父亲）；警方（查实后，）依法对老陈进行了教育和处罚，并将这（起举报）发在官方微博上。（此事赢得）众多网友点赞，也引发了一些质疑，（经媒体）报道后，激起了更大范围、更多角度的讨论。

（对于以上事情，你怎么看？）请给小陈、老陈或其他相关方面写一封信，表达你的态度，阐述你的看法。

我们来看看孙先生的修改理由。

第一个"因"字冗余，因为汉语往往用并列叙述句表因果关系，故修辞以简短、明快见长，在叙述性文章中叠床架屋式的复合长句，乃为文之大忌，命题者似乎不明于此，用"因""出于""通过"等连接词造成3个从句，长达70字，类似欧化句子。

开头明示了"父亲"，后面又出现"自己的父亲"，重复已知信息；两次出现"警方"又是重复；"查实后"更是多余，前文已交代事实，警方如何查实，与此事性质无关。

后面的"举报"与前文小陈"举报"重复，涵盖事实也不周全，官方微博不仅发布举报，还有"教育和处罚"，留下"这"，简洁而又周全。"此事赢得""经"删去，更简洁，但"媒体报道"和前文"官方微博"是从属关系，仍不完善；"对于以上事情，你怎么看？"和文末"表达你的态度，阐述你的看法"叠床架屋。

孙先生的语感敏锐，语理明确，注意到汉语篇章结构的特点，如少用关联词语、多用流水句等，两个叙述句并列则暗含因果关系等，尤其是在同义重复上，特别准确地删去"父亲""警方"等重复词语。

但按照篇章特征(4)，作为一个语义递进结构，如将"经媒体报道后"改为"经其他媒体报道后"，明确该事件的发展过程，则可避免孙先生指出"微博"与"媒体"逻辑错误，语义信息更为清晰。

全国高考作文命题作为一个语篇，尚且存在这么多的问题，可见，作为一名语文教师，在哲学、逻辑和语言修养方面还有很大的提升空间。篇章教学担负着语文课程核心素养培养的大任，我们应该对篇章有更多的语理认识。

再看一篇鲁迅先生的文章《长城》：

伟大的长城！

这工程，虽在地图上也还有它的小像，凡是世界上稍有知识的人们，大概都知道的罢。

其实，从来不过徒然役死许多工人而已，胡人何尝挡得住。现在不过一种古迹了，但一时也不会灭尽，或者还要保存它。

我总觉得周围有长城围绕。这长城的构成材料，是旧有的古砖和补添的新砖。两种东西联为一气造成了城壁，将人们包围。

何时才不给长城添新砖呢？

这伟大而可诅咒的长城！ [1]

---

[1]　鲁迅．鲁迅全集：第三卷［M］．北京：人民文学出版社，2005：61．

这篇短文，话题自然是"长城"，只是鲁迅先生把"长城"隐喻化了，前半部分简略说明了"真长城"的地位和功用。后半部分从"我总觉得周围有长城围绕"开始，对中国的传统文化进行批判。语形上话题保持连贯，但是在语义上有了新的信息："长城"的所指已经产生了变化，从开篇的"伟大的长城"到结尾的"这伟大而可诅咒的长城"，文章结构看似完成了一个回环，但在语义上却是一个递进，明快地表达了作者的语用意图。

中国古代篇章研究中的翘楚之作是金圣叹评《水浒传》，里面有很多篇章研究的资源，可惜金圣叹只是随文评点，缺少理论上的建构。

《水浒传》第五十一回中有一段宋江央求李逵的话，《金圣叹批评本水浒传》中注意到这段话是不连贯的：

宋江道："兄弟，却是你杀了小衙内，【此语与下语不连。】虽是军师严令。【此语与下语又不连。】论齿序，他也是你哥哥。【此语与下语又不连。】且看我面与他伏个礼，【看他句句不连。】我却自拜你便了。"①

金圣叹在这一回的开篇是这样评论这段不连贯之文：

此书极写宋江权诈，可谓处处敲骨而剔髓矣。其尤妙绝者，如此篇铁牛不肯为髻陪话处，写宋江登时捏撮一片好话，逐句断续，逐句转变，风云在口，鬼蜮生心，不亦怪乎？夫以才如耐庵，即何难为江拟作一段联贯通畅之语，而必故为如是云云者，凡所以深著宋江之穷凶极恶，乃至敢于欺纯是赤子之李逵，为稗史之《梼杌》也。②

原来，施耐庵让宋江说出这段"屈曲断续之辞"，是为了"明宋江之权术，乃至忍于欺天性一直之李逵，而又敢于李逵面前，明明变换以欺之，所谓深恶痛绝之笔也"。篇章内容的安排，居然能从形式上显示人物的情感，表达作者创作时的立场态度，观察真是洞若烛火，细致入微。

大家还记得鲁迅先生的《风波》中七斤那段前言不搭后语的自言自语吗？

七斤将破碗拿回家里，坐在门槛上吸烟；但非常忧愁，忘却了吸烟，象牙嘴六尺多长湘妃竹烟管的白铜斗里的火光，渐渐发黑了。他心里但觉得事情似乎十分危急，也想想些方法，想些计画，但总是非常模糊，贯穿不得："辫子呢辫子？丈八蛇矛。一代不如一代！皇帝坐龙庭。破的碗须得上城去钉好。谁能抵挡他？书上一条一条写着。入娘的！……"③

七斤的"夫子自道"，也是屈曲断续之语，原来文学作品中可以利用连贯的话题链来表达作者清晰的思维；也可以用不连贯的话语来塑造人物，比如宋江的权诈性格；又或者通过不连贯的话语来表现人物在某个具体语境中的混乱、焦虑，比如《风波》中为了辫子苦恼的七斤。

① 金圣叹.金圣叹批评本水浒传：下册［M］.长春：长春出版社，2014：533.
② 金圣叹.金圣叹批评本水浒传：下册［M］.长春：长春出版社，2014：528.
③ 鲁迅.鲁迅全集：第一卷［M］.北京：人民文学出版社，2005：498.

张竹坡评点《金瓶梅》第二回时有一段论述，可以用来说明篇章结构分析的目的：

故做文如盖造房屋，要使梁柱笋眼，都合得无一缝可见；而读人的文字，却要如拆房屋，要使某梁某柱的笋，皆一一散开在我眼中也。[①]

文章中的话题，就像是盖造中式木构建筑时的笋眼（榫眼），本章以篇章的话题为研究对象，如拆房屋，希望能把一篇文章中的话题一一散开在我们的眼中。

本章先对篇章概念进行一个简单的界定，进而讨论篇章与话题的关系，然后分析篇章中的话题链模式，最后讨论篇章中前景信息和背景信息的链接现象。

第二节　篇章与话题

篇章是关于某些话题的信息结构。有些篇章以某些人物或事物为核心话题，比如《阿长与〈山海经〉》，一看题目，我们就知道鲁迅要说两个核心话题——保姆阿长、《山海经》；有些篇章是以某个事件为核心的，比如阿城的《溜索》，讲一个马帮溜索过怒江的事件；有的篇章的核心话题是具体的人、物、事；有的篇章的核心话题是一种抽象的观念，如《不求甚解》《无言之美》等。读一篇文章，首先要做的事就是提取篇章的核心话题，文章的题目一般反映的就是篇章核心话题，"题目"二字，从字面意义上就是"额头"和"眼睛"，额头和眼睛，最能反映人的精神状态。

一、什么是话题？

（一）话题的概念

话题在日常用语中是指人们谈论的对象，在语言学中是个语用概念，是指一个句子要说明的实体对象，《现代语言学词典》的解释为：

现代语言学用"话题—评述"结构取代"主语—谓语"二分法来描写句子结构，句子的话题是对其做出说明的那个实体（人、物等），而对这个实体的进一步说明则是评述。这种区分的好处是能对句子之间的一些关系做出概括的说明，而这些关系被"主语—谓语"的区分（以及其他类似的对立）所掩盖。[②]

1.主语—谓语结构

赵元任首先提出汉语主语和谓语的关系就是话题和对它的评论的关系。赵元任认为汉语的完整句相当于一问一答的两个零碎句的组合：话题像问句，评论则像答句，如"饭都吃完了"。

［例5-1］a. 饭呢？

b. 都吃完了。

---

① 兰陵笑笑生. 金瓶梅［M］. 长春：长春出版社，2014：33.
② 戴维·克里斯特尔. 现代语言学词典［M］. 沈家煊，译. 北京：商务印书馆，2004：363.

［例5-2］饭呢，都吃完了。

［例5-3］饭都吃完了。

李讷和汤普生在《主语和话题：一种新的语言类型学》一文中提出按照"主语和话题在句子中的优先性"来划分语言类型，把世界上的语言分成以下四类：

（1）注重主语型：在语法形式上有主格标记的语言，如英语、法语等；

（2）注重话题型：有话题标记的语言，如汉语等；

（3）主语和话题都注重型：主语和话题都有标记的语言，如日语、韩语等；

（4）主语和话题都不注重型：主语话题都不注重是塔加洛语的特点，这些语言中的主语、话题都结合到句子中去了。

在注重主语的语言中，主语比话题更能满足句子结构完整性的需要，而且主谓间常有一致性形态。在注重话题的语言中，话题比主语更能满足结构需要，话题也常有外部标记（如句首之位、停顿或语气词等），而主谓间不存在一致性标记。主语是个句法概念，话题是个语用篇章的概念。比如"千山鸟飞绝，万径人踪灭"这样两句诗，句首的两个名词性成分"千山""万径"是每个句子的小句内话题，但是我们很难说它们是句子的主语。

2.话题—评述结构

话题，是谈论的起点和对象，对这个实体的进一步说明则是评论，一个话题和一个评论就构成了一个句子。比如：

［例5-4］牛街啊三把刀，三把刀呢就是说一把是切糕刀，一把呢是卖羊肉的刀，一把呢是卖白薯的，削那白薯卖烤白薯。（口语记录）

这种口语表达很地道，在口语表达中，绝大部分的句子都使用"话题—评述"结构。我们在看一些制作不那么精良的电视剧时，总觉得剧中人物对话是在背书，不像对话，因为他们的台词写得不够地道，完全用书面语的"主语—谓语"结构来写对白。比如：

［例5-5］我越喝越喜欢这款绿茶。

［例5-6］我真是爱不释手这本小说。

这些句子如果简单地用直接层次分析法，按照主谓结构层层分析，在句法上看起来是没问题的，句首的名词既是动作施事，又是叙述的出发点，这种完美的主谓句在汉语的口语中有时候听起来反而别扭。

如果［例5-5］改为：

这款绿茶啊，我越喝越喜欢。

［例5-6］改为：

这本书，我真是爱不释手。

这两个句子是不是地道了许多？注意到了吗，"这款绿茶""这本书"都是有定的，它们是叙述的出发点，同时又是交流双方都已知的信息，汉语句子的基本语序是从已知信息到新信息，已知信息一般充当话题放在句首，未知信息一般充当焦点，放在句尾。在口语中，改成"话题—评述"结构，听起来很地道，也更利于听者理解主要信息。但是如果在书面语当中，［例5-5］我们会改成：

我很喜欢喝这款绿茶，越喝越喜欢。

［例5-6］改为：

我对这本书真是爱不释手。

语言运用能力，不仅要求我们掌握地道的书面语，能够流畅地写作，还需要我们能在公共场合做演讲，使用地道的口语，流畅地说话。而汉语的口语和书面语其实是两幅笔墨，口语使用"话题—评述"的结构模式，书面语使用"主语—谓语"的结构。

3.运用举例

人教版《语文》（八年级下册）第四单元的任务是"撰写演讲稿"，要求学生在把握演讲辞特点的基础上，学习演讲稿的写法，自己撰写一篇演讲稿。那么演讲词的特点究竟是什么呢？尤其是在句式上有什么特点呢？

王选先生在北大的演讲稿《我一生中的重要抉择》［人教版《语文》（八年级下册）］中有很多典型的口语句式：

各位呢，上午八九点钟的太阳，这是本科生；硕士生呢，九十点钟的太阳；博士生呢，十点十一点钟的太阳。（笑声）那么，一个快落山的太阳，跟大家讲的，更多的是自己一生奋斗过来的体会……

名人用过的东西，就是文物了，凡人用过的就是废物；名人做一点错事，写起来叫名人逸事，凡人呢，就是犯傻；名人强词夺理，叫作雄辩，凡人就是狡辩了；名人跟人握手，叫作平易近人，凡人就是巴结别人了；名人打扮得不修边幅，叫真有艺术家的气质，凡人呢，就是流里流气的；名人喝酒，叫豪饮，凡人就叫贪杯；名人老了，称呼变成王老，凡人就只能叫老王。

这些句子要是用"主语—谓语"结构来分析，就会出很多问题，比如最后一句"凡人就只能叫老王"中，"凡人"并不是"叫"的主语，"叫"也不是"凡人"这个句首名词发出的动作，但是我们知道这是一个口语句式，结构"话题—评述"，应该理解为"凡人啊，如果老了，别人就叫他老王"。

现在高考、中考作文中，也多次出现要求学生写演讲稿，但是从试题情况上看，学生还是不太会用口语"话题—评述"的句式结构，大量还是文绉绉的"主语—谓语"式的书面语结构。

当然，有些书面语篇章，如《骆驼祥子》，就能很好地运用这两幅笔墨，并且能在这两种笔墨中自由切换，老舍先生在写作过程中展现了他作为语言大师的高超技能。

《骆驼祥子》开篇第一段话是这样的：

我们所要介绍的是祥子，不是骆驼，因为"骆驼"只是个外号；那么，我们就先说祥子，随手儿把骆驼与祥子那点关系说过去，也就算了。

一看就知道，这段话是对小说题目的说明，正所谓话题都是作者选择的叙述出发点。接下来对当时北平洋车夫的介绍，很能体现汉语中的"话题—评述"结构特征：

> 北平的洋车夫有许多派：年轻力壮，腿脚灵利的，讲究赁漂亮的车，拉"整天儿"，爱什么时候出车与收车都有自由的……
>
> 比这一派岁数稍大的，或因身体的关系而跑得稍差点劲的，或因家庭的关系而不敢白耗一天的，大概就多数的拉八成新的车；人与车都有相当的漂亮，所以在要价儿的时候也还能保持住相当的尊严。这派的车夫，也许拉"整天"，也许拉"半天"……
>
> 年纪在四十以上，二十以下的，恐怕就不易在前两派里有个地位了。他们的车破，又不敢"拉晚儿"，所以只能早早的出车，希望能从清晨转到午后三四点钟，拉出"车份儿"和自己的嚼谷。他们的车破，跑得慢，所以得多走路，少要钱。到瓜市，果市，菜市，去拉货物，都是他们；钱少，可是无须快跑呢。
>
> 在这里，二十岁以下的——有的从十一二岁就干这行儿——很少能到二十岁以后改变成漂亮的车夫的，因为在幼年受了伤，很难健壮起来。他们也许拉一辈子洋车，而一辈子连拉车也没出过风头。[1]

每一段都是对段落第一句的评述，这种笔法，值得我们学习。在每一段的开头，明示本段所要评述的对象，能引导读者快捷提取篇章信息。一般认为老舍善于利用北京方言口语，但在《骆驼祥子》里，我们也看到一些很书面甚至有些欧化的句子：

> 桥上几乎没有了行人，微明的月光冷寂的照着桥左右的两大幅冰场，远处亭阁暗淡的带着些黑影，静静的似冻在湖上，只有顶上的黄瓦闪着点儿微光。树木微动，月色更显得微茫；白塔却高耸到云间，傻白傻白的把一切都带得冷寂萧索，整个的三海在人工的雕琢中显出北地的荒寒。[2]

看到上面这段话，真的很难相信也是出自《骆驼祥子》，"月光""远处阁亭""白塔"等都是主语，拟人化地成了各句中核心动词的施事者，这种句式在口语中很少见，倒显出些老舍作为早期留洋且在国外教授汉语的洋笔墨特征。

主语和话题可以从语形、语义、语用三个层面分别说明：从语形层面上看，主语和话题一般出现在句首，一般都是名词性成分，汉语中表示事件的词语，也可以出现在句首，如"品尝红酒，是一件很愉悦的事情"；在语义层面上，主语一般都是谓语动词的行为施事者，话题可不一定得是施事者，各种论元角色都可以充当话题；从言语行为的角度来看，主语不一定得是叙述的出发点，话题是发话人叙述的出发点或对象。

如"我吃了一碗八宝粥。"这个句子中的句首名词性成分（代名词）"我"在句

---

① 老舍.新编老舍文集：第一卷［M］.北京：商务印书馆，2009：243.
② 老舍.新编老舍文集：第一卷［M］.北京：商务印书馆，2009：298.

法上是主语，在语义上是动词的施事，在语用上是叙述的出发点。

但是在"八宝粥呢，我倒是吃了一大碗"这个句子中，"八宝粥"是主语吗？是"吃"的施事吗？不是，八宝粥是"吃"的受事；在这个句子中我们能确定的是"八宝粥"一定是叙述的出发点——话题。

汉语中很多动词性成分都可以出现在句首主语的位置，比如说：

定居北上广，不是一件容易的事啊。

痛痛快快地流一身汗，能让我忘掉所有的不快。

话题和主语的关系不是对立的，而是一种包含关系，汉语是语用优先型语言，话题是每个句子一般都有的，而主语则是句法层面的术语，为了分析句子的方便，我们把处于句首并且是动词施事的名词性成分叫作主语，但是很多不是施事的名词却很难断定为主语。

话题在语义层面一般都是有定的，"有定"即意味着交际双方已知、共享的信息。比如〔例5-7〕中一共有四个名词性成分（分别用下划线标明），名词性成分都有可能作为话题：

〔例5-7〕a. 张生用一只鸽子给崔莺莺送了一封情书。

　　　　　b. 张生啊，用一只鸽子给崔莺莺送了一封情书。

　　　　　c. 崔莺莺啊，张生用一只鸽子给（她）送了一封情书。

　　　　　d. 一只鸽子啊，张生用（它）给崔莺莺送了一封情书。

　　　　　e. 一封情书啊，张生用一只鸽子给崔莺莺送了。

为什么〔例5-7〕d、e不能接受呢？因为话题都是已知的、有定的，我们必须把句首的"一只鸽子"改为"这只鸽子"，把"一封情书"改为"这封情书"，句子才可以被接受。

语言学分析中，最为重要的不是找符合的例子，而是找到不符合的例子。现在我们得出一个初步结论——"充当话题的句首名词都是有定的"，这个规则站得住脚吗？

那么我们就去看看有没有无定的名词性成分充当话题的呢？还真有，比如：

〔例5-8〕一棵树，多丫杈，雨一淋就开花。（猜一用品）

〔例5-9〕一个小姑娘，家住在水乡。身穿粉红衫，坐在绿船上。（猜一植物）

〔例5-10〕一个小小游泳家，说起话来呱呱呱。小时有尾没有脚，大了有脚没有尾。（猜一动物）

看出来了吗？这三个例子中的句首名词都是无定的"一棵树""一个小姑娘"等，一定要改成"这棵树""这个小姑娘"吗？不需要的。

这些例子都是反例——不符合的例子，原来这些例子都是谜语，谜语是一种很特殊的游戏语篇，谜语的意图不是传递信息，而是为了一种智力考验。原来不同类型的语篇有不同的语法，看来语法是从语用法中演化出来的，在汉语中，语用和语法不是对立的，不是A是A，B是B，而是语用中有语法，语法（比如语序）是语用法的语法化。

二、什么是取消句子的独立性?

还记得我们在中学文言文课堂上经常碰到一个奇怪的术语——"取消句子独立性"吗?

"之,放在主谓之间,取消句子的独立性",很多老师把这个"之"的用法叫作"取独",都有资格享受缩略语的待遇了,说明这个词在中学语文学习中还是挺常见的,就像"网游"等词一样,只有高频使用的词语才会出现缩略形式。可是究竟什么是"取消句子独立性"呢?

我们来看几个经典的"取独"用例:

[例5-11] 悍吏之来吾乡,叫嚣乎东西,隳突乎南北。

[例5-12] 吾妻之美我者,私我也。

[例5-13] 余独爱莲之出淤泥而不染。

所谓"取消句子独立性",就是使句子变成一个词组,使之既不能表达"完整"的意思,又没有语调,从而失去了句子的"独立性",而去做另一个句子里的成分。

这几个例子中的"之"是放在主谓之间吗?从句法层面上来说似乎是的,那么取消句子独立性是什么意思呢?"吾妻美我"是一个句子,而"吾妻之美我者"则不是一个独立的句子,那么"之"的语法功能就是取消句子独立性。

但是这种现象是文言文所特有的现象吗?我们看例子:

[例5-14] 马航370飞机失踪了,人们都很惊讶。

这是两个句子组合起来的,有两个独立的话题,如果我们想把上句说成一个完成的长句,就可以将其改为:

[例5-15] 马航370的失踪让人们很惊讶。

这个"的"字是不是也在"取独"?好像现代汉语语法学里并没有这种说法。这种现象在现代汉语中很常见,是为了让句子看起来更书面一些。更重要的是,我们从语用学话题这个角度来看,这个手段是把句子的话题从事物(人物)性话题提升为事件性话题,让我们的表达看起来更书面化,改变我们的叙事出发点,从一般选择人或物作为话题,转而改为选择行为事件作为话题,是为了对这个事件进行评价,而不再是对这个事件进行陈述。

我们从语形学、语义学、语用学三个层面梳理一下"取消句子独立性"的特征和功能:从语形学上看,作者在一个主谓句的中间加上"之"或者"的",让这个主谓句成为一个更大的句子的主语。从语义学上看,原来的主谓句是陈述一个事件,现在的"N之V""N的V"是对原来的事件进行指称。从语用学上看,"N的V"是对事件的话题化。

从这个角度来说,"取独"是汉语中很常见的一种表达方式,是为了完成告知行为类型中的"评价",降低该言语行为的陈述性。

108

？思考

下面这些例子中的"的""之"是不是在取消句子独立性？和上文例子中的用法是否一样？

小王请来了客人。/小王请来的客人。/请来了客人的小王。

将军百战死，壮士十年归。/将军之百战不死，壮士之十年不归。

力拔山兮气盖世/拔山之力，盖世之气。/力之拔山，气之盖世。

浪淘尽，千古风流人物。/淘尽千古风流人物的大浪。

✎练习

收集20个文言文中取消句子独立性的语言现象，看看能不能找到什么规律？你能根据言语行为类型对这种现象总结出什么规律吗？有没有不听话的例子？

第三节 话题链类型

在一次校园朗诵比赛中，有位选手抽中了《周易·系辞》中的一段话：

乾以易知，坤以简能。易则易知，简则易从。易知则有亲，易从则有功。有亲则可久，有功则可大。可久则贤人之德，可大则贤人之业。易简而天下之理得。天下之理得而成位乎其中矣。[1]

这位选手朗读起来字正腔圆，语音面貌很好，但是听他的停顿处理，就可以断定他并没有真正理解这段话。起首的四字句，他用的都是2+2节拍，其实如果按照1+3节拍来读更合适，因为这四个小句中的第一个字都可以视为话题；接下来四个五字小句，应该按照2+3节拍来读，因为其中的"易知、易从、有亲、有功"成为话题了。

这位选手朗读中最大的错误是接下来的两个七字小句，他读成了"可久则贤｜人之德，可大则贤｜人之业"，如果稍微有些话题链知识的话，这两句显然应该读成"可久｜则贤人之德，可大｜则贤人之业"，因为前边句子中已经出现了"可久""可大"，已知的信息可以作为下文进一步评述的起点，这样文章才显得连贯。

好，考考大家，接下来的"易简而天下之理得。天下之理得而成位乎其中矣"应该怎么读断？你能说说这两句话是什么意思吗？其中的"易简"在短语结构上属于哪个类型？是主谓结构还是并列结构？

现在我们来看一下《周易·系辞》这段话的白话译文：

乾卦，以平易为人所知，坤卦，以简约见其功能；平易，就容易使人明了，简约，就容易使人顺从；容易明了，就有人亲近，容易顺从，就可以建立功绩；有人亲近，处世就能长久，可建立功绩，立身就能宏大；处世长久，是贤人的美德，立

---

① 黄寿祺，张善文.周易译注[M].上海：上海古籍出版社，1989：528.

身宏大，是贤人的事业。（所以，明白了乾、坤的）平易和简约，天下的道理就都懂得了；懂得天下的道理，就能居处在适中合宜的地位上。①

大家现在能把这段话的话题链画出来吗？

乾以易知—易则易知—易知则有亲—有亲则可久—可久则贤人之德。

坤以简能—简则易从—易从则有功—有功则可大—可大则贤人之业。

原来这段话是双话题并行，到结尾处才合成一个话题"乾易而天下之理得。天下之理得而成位乎其中矣"。这段话，看起来是不是暗合《周易》的"乾坤二卦"？这是周易的门户，先明天尊地卑，以定乾坤之体。

话题的选择（即选择叙述的出发点和对象）是一个人交际能力的重要体现。还记得我们小时候写的作文吗？经常都是"我……，我……，我……"，"我"个不停，是因为我们的语言组织能力还很弱，不知道如何进行话题切换。而作家则能创作出各种灵活多变的句子，比如李碧华的小说《霸王别姬》中的一段话：

［例5-16］小叫化爱在人多的地方走动，一见地上有香烟屁股，马上伸手去拾，刚好在一双女人的脚，和一双孩子的脚，险险没踩上去当儿，给捡起了，待会一一给拆了，百鸟归巢，重新卷好，一根根卖出去。女人的鞋是双布鞋，有点残破，那红色，搁久了的血，都变成褐色了。孩子穿的呢，反倒很光鲜，就像她把好的全给了他。②

这段话从一个跑龙套的"小叫化"开始叙述，然后引出"女人的脚""孩子的脚""女人的鞋""孩子穿的"等，再引出其后段落中要讲述的故事——那个女人带着自己的孩子去拜师学戏。小叫化捡香烟屁股，这样一个充满时代气息的小人物小事件，却能让读者认识时代背景。从"女人的脚""孩子的脚"转到"女人的鞋""孩子穿的"，再介绍人物，特别有镜头感。

话题是指一个句子的叙述出发点，是指文章中被讨论的对象。话题包括两种：一是句内话题，每个句子必须有一个叙述的出发点；另一个是篇章话题，每个篇章都有一个核心话题，每个段落也有自己的核心话题，话题的连续性保证了篇章的连贯性。

话题链又可以分为三个层次：篇章话题链、段落话题链和句内话题链。以下分别介绍。

一、篇章话题链

篇章话题链是一个篇章中各个章节（段落）的核心话题组合链条。篇章可以很长，比如像《水浒传》《红楼梦》那样的长篇小说，其章回小说的题目就是对各章节话题的概括，我们阅读一部长篇小说，从回目上就可以大致了解它的话题链条。费孝通先生的《乡土中国》有14个章节，就是14个话题，这些话题之间有关联，形成

---

① 黄寿祺，张善文.周易译注［M］.上海：上海古籍出版社，1989：528.
② 李碧华.霸王别姬［M］.北京：新星出版社，2013：4-5.

一个链条，这就是篇章的话题链。《水浒传》的回目，从楔子的"张天师祈禳瘟疫 洪太尉误走妖魔"、第一回"王教头私走延安府　九纹龙大闹史家村"到第一百回 "宋公明神聚蓼儿洼　徽宗帝梦游梁山泊"，这是《水浒传》这部大书的话题链。只要 是一个篇章，就会有若干个相关的话题构成的话题链结构。

再来看一个篇章话题比较清晰的文章。

重建上下同心　灾区平稳有序[①]

水

结古地区全部应急通水

人民网北京4月24日电（记者赵永平）　记者从水利部获悉：4月24日，玉树震 区民族小学、州委、州政府实现了应急通水，至此，结古地区11个片区应急集中供 水点全部通水，可解决4.2万人的用水问题。截至目前，玉树县结古镇及周边8个乡 镇都至少有一个应急集中供水点，实现了供水全覆盖。

经水利部门各有关单位共同努力，青海玉树地震灾后恢复重建水利规划工作基 本完成，规划报告初稿形成，目前正在安排前方工作组进行现场查勘，充实有关数 据，进一步完善规划报告。

电

主干网架抢修任务完成

人民网北京4月24日电（记者赵永平）　经过水利电力部门紧急抢修，玉树严重 受损的电力主干网架抢修任务已完成，各分支线路的抢修恢复进展顺利，已有30个 变压器通电。玉树宾馆、州武警支队、州中学、州职校、玉树县第一民族中学、玉 树县第二民族中学、第三完全小学、州孤儿学校、州属机关、消防支队、州气象局、 邮政局、农发行、农业银行及受灾群众临时安置点、州卫校、民族师范学校、红旗 小学等恢复供电。

路

农村公路全部抢修畅通

人民网西宁4月24日电（记者周东平）　据青海省交通厅提供的消息，截至4月 23日，玉树州、县交通部门共投入抢险保通人员1400人次，各类机械70台（套）， 清理塌方物5.6万立方米，修筑便道500多米。玉树藏族自治州境内的农村公路目前 已全部恢复畅通，救灾人员和物资可顺利运抵受灾乡村。

据了解，"4·14"地震使玉树州的67条农村公路发生塌方，玉树县、治多县部 分公路交通中断，玉树县、称多县多条公路交通受阻。目前，中断的农村公路已全 部抢修畅通。

---

① 整理自赵永平，周东平，王君平.重建上下同心　灾区平稳有序[N].人民日报，2010-4-24（5）.

住

震后房屋评估基本完成

人民网西宁4月24日电（记者周东平） 青海省住房和城乡建设厅组织专家开展的震后房屋应急评估工作于4月23日基本完成。

玉树地震发生当日，青海省住房和城乡建设厅立即成立灾后房屋损毁情况应急评估小组，并派出第一批7位专家奔赴玉树地震灾区；4月15日，住房和城乡建设部组织中国建筑科学研究院、清华大学的9位专家赶到玉树灾区。之后，住房和城乡建设部、青海省住房和城乡建设厅陆续派出第三批、第四批共41位专家赶赴灾区。总人数达80余人的专家组，分为14个评估小组投入应急评估工作。

医

高原病医疗服务全覆盖

人民网玉树4月24日电（记者王君平） 卫生部门在做好灾区伤员医疗救治的同时，高度重视高原病医疗工作，全力做好救援人员高原病医疗工作。卫生部前方工作组、总后卫生部、青海省抗震救灾指挥部共同对玉树地震灾区现有军队和地方高原病医疗资源进行了全面梳理和整合，根据灾区救援队员具体分布情况，合理设置高原病收治点，灾区已设置了2个高原病收治点，即军队153"方舱"医院（驻体育场）和军队255"方舱"医院（驻赛马场）。组建了6支高原病巡回医疗队，明确划分了责任区域，对责任区域内救援人员进行排查和巡回医疗，根据病情及时转诊或治疗，实现了高原病医疗服务全覆盖。

在这篇新闻中，"水、电、路、住、医"就构成了整篇文章的宏观话题链，这些话题构成了整篇新闻稿"灾区重建"的基本信息。而每个段落也有自己的话题链结构类型。

第三章我们讲到，要构思一篇文章，要思考这篇文章应该由哪几个言语行为类型构成。本章则认为，在构思一篇文章的时候，还要思考构成这篇文章必须由哪几个主要的话题来构成。

？ 思考

在中学语文教学中，经常要求同学们对一个语篇进行段落划分，篇章的话题链推进的过程，是否可以给我们提供一些帮助？

✎ 练习

用下划线标示出柳宗元《敌戒》的篇章话题链结构。

皆知敌之仇，而不知为益之尤；皆知敌之害，而不知为利之大。

秦有六国，兢兢以强；六国既除，訑訑乃亡。晋败楚鄢，范文为患；厉之不图，举国造怨。孟孙恶臧，孟死臧恤；药石去矣，吾亡无日。智能知之，犹卒以危；矧今之人，曾不是思！

敌存而惧，敌去而舞，废备自盈，祇益为瘉。敌存灭祸，敌去召过。有能知此，道大名播。惩病克寿，矜壮死暴。纵欲不戒，匪愚伊耄。我作戒诗，思者无咎。[①]

二、段落话题链

（一）段落的含义

段落是语篇的构成单位，在形式上是两个另起一行之间的话语，首行缩进两格。希尔曼（Т. И. Сильман）说：

我们在阅读的时候，从一个段落转到另一个段落的时候，我们好像从作者那里得到这样的提示：这里很重要！这是新的内容！停一停，稍事休息。[②]

我们从小就接触段落，但是究竟什么是段落？段落在篇章中有什么功能？段落应具备哪些特征？这是需要我们进一步了解的。

俄罗斯语言学家对篇章、段落的研究较为深入，他们认为段落是独白语篇的组成部分，是一个语用单位，是作者对语篇进行切分的主观过程，它的形成取决于篇章作者的语用意图。段落划分和语体类型、作家风格、文章内容有很大的关系。

试比较《溜索》和《孔乙己》两篇文章的段落节选：

那只大鹰在瘦小汉子身下十余丈处移来移去，翅膀尖上几根羽毛被风吹得抖。

再看时，瘦小汉子已到索子向上弯的地方，悄没声地反着倒手拔索，横在索下的绳也一抖一抖地长出去。

大家正睁眼望，对岸一个黑点早停在壁上。不一刻，一个长音飘过来，绳子抖了几抖。

三条汉子一个一个小过去。首领哑声说道："可还歇？"余下的汉子们漫声应道："不消。"纷纷走到牛队里卸驮子。［人教版《语文》（九年级下册）《溜索》］

这篇小说的段落都不长，讲的都是行动，这些马帮汉子刚劲利索，这些段落表达也就干净利索。

《孔乙己》［人教版《语文》（九年级下册）］的段落有长有短，短的是中间的过渡段、结尾的收束段。这两个段落很短，但是很重要：

孔乙己是这样的使人快活，可是没有它，别人也便这么过。

我到现在终于没有见——大约孔乙己的确死了。

长的段落是人物介绍、场景描写、事件行动等。如：

孔乙己是站着喝酒而穿长衫的唯一的人。他身材很高大；青白脸色，皱纹间时常夹些伤痕；一部乱蓬蓬的花白的胡子。穿的虽然是长衫，可是又脏又破，似乎十多年没有补，也没有洗。他对人说话，总是满口之乎者也，叫人半懂不懂的。因为他姓孔，别人便从描红纸上的"上大人孔乙己"这半懂不懂的话里，替他取下一个

① 柳宗元.柳宗元集［M］.北京：中华书局，2000：532.
② 转引自姜望琪.语篇语言学研究［M］.北京：北京大学出版社，2011：112.

绰号，叫作孔乙己。孔乙己一到店，所有喝酒的人便都看着他笑，有的叫道："孔乙己，你脸上又添上新伤疤了！"他不回答，对柜里说："温两碗酒，要一碟茴香豆。"便排出九文大钱。他们又故意的高声嚷道："你一定又偷了人家的东西了！"孔乙己睁大眼睛说："你怎么这样凭空污人清白……""什么清白？我前天亲眼见你偷了何家的书，吊着打。"孔乙己便涨红了脸，额上的青筋条条绽出，争辩道，"窃书不能算偷……窃书！……读书人的事，能算偷么？"接连便是难懂的话，什么"君子固穷"，什么"者乎"之类，引得众人都哄笑起来：店内外充满了快活的空气。

听人家背地里谈论，孔乙己原来也读过书，但终于没有进学，又不会营生；于是愈过愈穷，弄到将要讨饭。幸而写得一笔好字，便替人家钞钞书，换一碗饭吃。可惜他又有一样坏脾气，便是好喝懒做。坐不到几天，便连人和书籍纸张笔砚，一齐失踪。如是几次，叫他钞书的人也没有了。孔乙己没有法，便免不了偶然做些偷窃的事。但他在我们店里，品行却比别人都好，就是从不拖欠；虽然间或没有现钱，暂时记在粉板上，但不出一月，定然还清，从粉板上拭去了孔乙己的名字。

议论文的段落一般都要更长一些，段落可以帮助作者把篇章塑造成更可读、更易于接受、对读者产生更大影响的作品。根据徐赳赳的统计，新闻语体文章每篇平均为6.69个段落，平均每个段落136.44个汉字，而以《求是》杂志为语料的调查显示，学术论文每篇平均为18.80个段落，每个段落平均340.81个汉字，造成差异的原因可能是：新闻语体文章多为记人叙事的文章，文学色彩浓，句子可长可短，所以段落相对较短；学术论文是研究性文章，结构严谨，句子较长，一个段落往往有一个论述中心，所以段落较长。

我们在语文教学中很少进行有针对性的段落划分训练，似乎段落是个神奇的存在，很多大学毕业论文都不会使用段落这个语用手段。如果能结合语体来训练学生的段落意识，则记叙文要注重段落长短相间，让叙事更有节奏；议论文则要注意让段落更长一些，达到说理严谨，逻辑周全。当然，也可以允许有个人风格，比如马塞尔·普鲁斯特（Marcel Proust）的《追忆似水年华》一书中有的段落可以有好几页，其中最长的一个句子就达到56行，而有些文章中则会出现一个字、一个词单独成段的现象。

（二）段落的功能

段落是个语用手段，段落在语篇中能实现以下功能。

1. 收束开启功能

开始新的言语行为类型，同时宣告前面的行为暂告段落。比如宋词的典型结构是上阕写景，下阕抒情，上下阕就是两个段落。

2. 强调功能

作者希望独立一段，来突出需要强调的信息或者行为。在高尔基《海燕》[人教版《语文》（九年级下册）]中有些段落特别短：

这个敏感的精灵，——它从雷声的震怒里，早就听出了困乏，它深信，乌云遮不住太阳，——是的，遮不住的！

狂风怒号……雷声轰响……

一堆堆乌云，像青色的火焰，在无底的大海上燃烧。大海抓住闪电的箭光，把它们熄灭在自己的深渊里。这些闪电的影子，活像一条条火蛇，在大海里蜿蜒游动，一晃就消失了。

——暴风雨！暴风雨就要来啦！

这是勇敢的海燕，在怒吼的大海上，在闪电中间，高傲地飞翔；这是胜利的预言家在叫喊：

——让暴风雨来得更猛烈些吧！

其中三个段落很短，有些甚至都不成句，这些独词成段的话语，在言语行为上都具有较强的抒情性，作者采用这种呼告的手法，来表达自己的情感。

3.点题和概括、总结的功能

比如《孔乙己》中的过渡段和收束段，具有点题功能和概括功能。

4.语体标记功能

不同语体风格的文章在段落长度上有较大差异。

段落具有开启收束话语的功能，经常表现为在语义上具有相对完整性，一般都有一个独立的话题链。段落话题链是指同一个自然段中各个句子之间的话题组合。在上文所举的报道玉树地震灾情的新闻中，宏观话题链是"水—电—路—住—医"，全文共分为五段，每段介绍一个总话题，每个段落又由多个小话题组成微观话题链。如对"水"这个宏观话题的报道全段如下。

水

结古地区全部应急通水（小标题）

4月24日，玉树震区民族小学、州委、州政府（话题1）实现了应急通水，至此，结古地区11个片区应急集中供水点（话题2）全部通水，可解决4.2万人的用水问题。截至目前，玉树县结古镇及周边8个乡镇（话题3）都至少有一个应急集中供水点，实现了供水全覆盖。

文中加下划线的部分就是这个段落的微观话题链，这三个话题的所指对象从小到大，可以由图5-1所示。

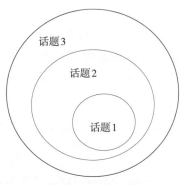

图 5-1 微观话题链

这个段落的微观话题链是由语义相关的三个处所名词组成的，语义上的关联是话题成链的重要方式，当然还有语言形式上的各种标志。

（三）段落的类型

段落话题链大概有以下几种类型：

1．同一话题链

同一话题链是指一个段落围绕着一个话题推进，话题所指对象不变，但有可能指示形式产生了变化，比如可以采用代词回指或者零形回指。如：

刚刚过去的这个周末，27岁的姜小姐（话题1）彻底地远离了电脑，过了一个"没有电脑"的周末。在媒体工作的姜小姐（话题2）自称已经得了电脑依赖症，"睡醒了就开机，一上网就偷菜，除了正常工作外，大部分时间都是在网上耗着"。上周末，她（话题3）除了逛街购物外，还抽出了半天时间去健身。许久没体验过"线下生活"的姜小姐（话题4）顿时感到神清气爽："宅在家里上网未必是唯一的选择，离开电脑我也过得很充实啊！"①

这个段落是由对同一个话题"姜小姐"的不同评论构成的，请注意文中的话题所指对象都是姜小姐，但是话题1交代了年龄，话题2交代了工作，话题3用"她"来指代，话题4交代了生活习惯。这个话题链节选自一篇社会新闻，四个句首名词性成分，构成了一个同一话题链。

这种同一话题链，经常出现在叙事类段落中，因为一个叙事段落，一般由一个行为者的一系列动作构成。如《边城》中的这段话：

有时过渡的是从川东过茶峒的小牛，是羊群，是新娘子的花轿，翠翠必争着作渡船夫，站在船头，懒懒的攀引缆索，让船缓缓的过去。牛羊花轿上岸后，翠翠必跟着走，送队伍上山，站到小山头，目送这些东西走去很远了，方回转船上，把船系靠近家的岸边。且独自低低的学小羊叫着，学母牛叫着，或采一把野花缚在头上，独自装扮新娘子。②

本例先以一个"是"字句开始，作为翠翠一连串动作的背景；第一个句号后面，"牛羊花轿上岸后"又是一个背景，然后在交代翠翠另一系列动作；第二个句号后面，没有出现话题"翠翠"，但读者都能自动补出那个"学小羊叫、学母牛叫、采野花、装新娘子"的人就是翠翠。

为了避免行文重复，我们可以采取同义表达形式来指称同一个对象，比如下例中"三军将士"和"人民军队"所指对象相同，但语言形式不同。

连日来，在党中央、国务院、中央军委的领导下，三军将士（话题1）在平均海拔4000米以上的青海玉树，展开了一场生死时速的激烈战斗。与时间赛跑，与艰险抗争，与死神搏斗，党领导下的人民军队（话题2）再次谱写下与人民同呼吸、共命

---

① 参见 http://www.chinanews.com/sh/news/2010/04-19/2235099.shtml。

② 沈从文．边城［M］．南昌：江西人民出版社，1981：5．

运、心连心的动人篇章。①

下文中的"南京"和"这座六朝金粉的故都"也是表达同一个城市：

<u>南京</u>山清水秀，绿树成荫，是一座绿色的城市。<u>这座六朝金粉的故都</u>已发展为现代化的大都市。

有的时候，作者为了营造悬念，会让代词先出现，然后再交代代词所指的对象。如：

<u>他</u>，不是孩子了，已经20岁了；<u>他</u>不稚嫩了，身高1米87，体重达110公斤。尽管这样，<u>他</u>毕竟还是个孩子，总喜欢做梦，总是想着那71米08的记录，总是盼着超过这个记录。怨谁呢？谁叫他爱上了链球？<u>一个优秀的运动员</u>谁不想破纪录、拿金牌？<u>这</u>是很自然的事。<u>这</u>就是毕忠。这就是他的链球梦。②

有的时候为了行文简洁，我们可以省略代词（用φ表示省略代词），这就是一般篇章语法学所说的零形回指。如：

只说杨志出了大路，（φ）寻个庄家挑了担子，（φ）发付小喽罗自回山寨。

杨志取路，不数日，（φ）来到东京；（φ）入得城来，（φ）寻个客店，安歇下，庄客交还担儿，（φ）与了些银两，（φ）自回去了。③

如果是让计算机来理解这段话，机器是否能理解其中省略的代词，哪个指代杨志？哪个指代庄家？

一个段落，同一个话题，这样的语篇在形式上是最为连贯的，阅读起来也很容易处理。上面的例子中我们可以看到，同一话题链中有一些变化，比如同一中心语，不同的修饰语，在叙述中增加相关信息；用不同形式的同指词语替换，使文章结构更富于变化；用代词或零形回指来替代，使得文章简洁明快，用代词先行的方式有制造悬念的效果。

我们注意到学生在写作时，经常不知道如何给自己的文章分段，为了让自己的文章阅读起来更轻松，一般来说，在同一个段落中不要出现多个话题链。对段落话题链的考查，能帮助我们思考如何分段，如何使用顿号、逗号、分号、句号等标点符号。

2.总分式话题链

一个段落中后面几个话题都是对第一个话题的分说。比如：

<u>"妈妈！我是好孩子！这儿黑！"</u>（话题1）这是1942年一个孩子在贝泽克毒气室被杀死前的呼叫。这呼叫甚至概括了全部善良、弱小、卑微和淳朴所最最常见的内容。<u>"妈妈"</u>（话题2）是这世界上我们所能得到的唯一真实的安慰；<u>"好孩子"</u>（话题3）是这世界上我们所能得到的唯一真实的希望；<u>"这儿黑"</u>（话题4）这世界上我们所能想象的最恐怖的现实。④

---

① 参见 http://news.youth.cn/pl/201004/t20100424_1212147.htm。

② 参见 http://www.jxnews.com.cn/jxrb/system/2013/09/09/012629783.shtml。

③ 金圣叹.金圣叹批评本水浒传：下册［M］.长春：长春出版社，2014：118.

④ 黄集伟.媚俗通行证：语词笔记［M］.北京：中国社会科学出版社，2000：93.

引文中第一个话题是一个直接引语，由三个小句组成，其后的三个话题分别对直接引语中的三个小句进行评论。

这种总分式话题链，在描写类、说明类篇章当中似乎较为常见。

再看一个例子：

［例5-17］尤其是让她见不得的，就是那些围坐在电视机前看转播的<u>男人（话题1）</u>。三五成群的，以各种最不雅的姿势乱七八糟而坐，身旁往往要堆放一整箱一整箱的啤酒。<u>老头衫（话题2）</u>全都高高挽到肚脐眼以上，<u>眼珠子（话题3）</u>瞪得酒汪汪的，<u>嘴里（话题4）</u>螃蟹一样来回吐着啤酒泡泡，<u>手指头（话题5）</u>一会抠着脚趾丫缝儿，一会儿对着电视机里奔跑的小人儿指指戳戳，还不时粗话连篇，<u>满脸潮红舌尖上（话题6）</u>不住翻卷着某个与男根崇拜相关的词儿，仿佛一群鸟儿同时染上了脏口。①

注意到了吗？后面的几个话题都是对第一个话题"男人"的详述，让男人的丑态表现得更加穷形尽相。

汪曾祺先生的话题链选择也很有特点，如：

这个地方的地名有点怪，叫<u>庵赵庄（话题1）</u>。<u>赵（话题2）</u>，是因为庄上大都姓赵。叫作<u>庄（话题3）</u>，可是人家住得很分散，这里两三家，那里两三家。一出门，远远可以看到，走起来得走一会，因为没有大路，都是弯弯曲曲的田埂。<u>庵（话题4）</u>，是因为有一个庵。②

这段文字保持着传统汉语的特色，如果单说"赵，是因为庄上大都姓赵"。我们会听得云里雾里的，但是放在这样的上下文中，却表意清晰，因为这个段落的核心话题是"这个地方的地名"，其后的几个句子是为了对"庵赵庄"这个地名中每个汉字的来由进行评论。

3.顶针式话题链

顶针是一种修辞格式，从话题链的角度来看，它是一种常见的话题推进方式，注意下文画线处顶针修辞手法的运用：

<u>民事农则田垦，田垦则粟多，粟多则国富，国富者兵强，兵强者战胜，战胜者地广。</u>

爱情是由很多的细节编织起来的一根绳子，<u>每个细节是个疙瘩，每个疙瘩是个故事，每个故事是个小小的传奇或黯然神伤……</u>

他，他，他，伤心辞汉主；我，我，我，携手上河梁。他部从，入穷荒；我銮舆，<u>返咸阳。返咸阳，过宫墙；过宫墙，绕回廊；绕回廊，近椒房；近椒房，月黄昏；月黄昏，夜生凉；夜生凉，泣寒螀；泣寒螀，绿纱窗；绿纱窗，不思量。呀！不思量，除是铁心肠；铁心肠，也愁泪滴千行。</u>③

---

① 张健，刘存孝.谁提足球我跟谁急［C］.北京：中国文联出版社，1997：272-273.

② 汪曾祺.受戒［M］.北京：作家出版社，2016：1.

③ 马致远.马致远集［M］.太原：山西古籍出版社，1993：16.

顶针式话题链能让文章不断地推进，特别适合场景描写。比如沈从文《边城》的第一段：

由四川过湖南去，靠东有一条官路。这官路将近湘西边境到了一个地方名为"茶峒"的小山城时，有一小溪，溪边有座白色小塔，塔下住了一户单独的人家。这人家只一个老人，一个女孩子，一只黄狗。[①]

汉语的篇章中，一个段落开始，经常出现一个存现句，引出话题，如上例中第一句引出"一条官路"这个话题，汉语中引出的新话题，多以数量结构为特征。第二句以"这官路"为话题，这个话题已经成为已知信息，用代词"这"来表示定指，再引出"一个地方名为'茶峒'的小山城"，再引出"一小溪""（一）座白色小塔""一户单独的人家""一个老人""一个女孩子""一只黄狗"，引出一个新话题，都是数量结构。如果把句中的数量结构全部删除，段落就会显得很突兀：

由四川过湖南去，靠东有官路。这官路将近湘西边境到了地方名为"茶峒"的小山城时，有小溪，溪边有白色小塔，塔下住了单独的人家。这人家只老人，女孩子，黄狗。

通过分析段落内的话题链类型及其语言表现形式，可以练习如何分段，也可以知道如何让一个段落中的每个句子之间更加连贯。

三、句内话题链

上面讲的段落内话题链，可以让我们知道如何分段，接下来讲如何使用句号和逗号，这是由句内话题链类型决定的。一个完整的句子可以由一个名词性成分加上一个动词性成分构成，如：

绍兴是一个古城。

绍兴四季分明。

绍兴菜我最喜欢霉干菜扣肉。

但是在文章中，这样的一个小句就使用句号结尾的其实并不多见，更多见的是多个小句用逗号连接，再用一个句号煞尾。我们看《边城》中的这段话：

那条河水便是历史上知名的酉水，新名字叫作白河。白河到辰州与沅水汇流后，便显得浑浊，有出山泉水的意思。若溯流而上，则三丈五丈的深潭皆清澈见底。深潭中为日月所映照，河底小小白石子，有花纹的玛瑙石子，全都看得明明白白。水中游鱼来去，皆如浮在空中。两岸多高山，山中多可以造纸的细竹，长年作深翠颜色，迫人眼目。近水人家多在桃杏花里，春天时只需注意，凡有桃花处必有人家，凡有人家处必可沽酒。夏天则晒凉在日光下耀目的紫花布衣裤，可以作人家所在的旗帜。秋冬来时，人家房屋在悬崖上的，滨水的，无不明朗入目。黄泥的墙，乌黑的瓦，位置却永远那么妥帖，且与周围环境极其调和，使人迎面得到的印象，实在

---

① 沈从文．边城［M］．南昌：江西人民出版社，1981：7.

非常愉快。一个对于诗歌图画稍有兴味的旅客，在这小河中，蜷伏于一只小船上，作三十天的旅行，必不至于感到厌烦。正因为处处有奇迹可以发现，自然的大胆处与精巧处，无一地无一时不使人神往倾心。①

节选的这段话中，有12个句号，每个句号管辖着若干个逗号，一个句号内部，几乎都有两个以上的动词性成分，每个句号内的小句形成了篇章中最小的话题链——句内话题链，句法学研究的话题链多指一个句号内部、由一个相同的话题贯穿的话语组合。

阅读这段话，请思考：是不是一个句号管辖的范围内只允许出现一个话题呢？每个句号中都应该出现一个话题表达成分吗？话题是否都是名词性成分？

我们可以用加下划线的方式对话题进行如下标注：

那条<u>河水</u>（1a）便是历史上知名的酉水，<u>新名字</u>（1b）叫作白河。

<u>白河</u>（2a）到辰州与沅水汇流后，<u>（白河）</u>（2b）便显得浑浊，<u>（白河）</u>（2c）有出山泉水的意思。

<u>（白河）</u>（3a）若溯流而上，则<u>三丈五丈的深潭</u>（3b）皆清澈见底。

<u>深潭中</u>（4a）为日月所映照，<u>河底小小白石子，有花纹的玛瑙石子</u>（4b），全都看得明明白白。

<u>水中游鱼</u>（5a）来去，<u>（它们）</u>（5b）皆如浮在空中。

<u>两岸</u>（6a）多高山，<u>山中</u>（6b）多可以造纸的细竹，<u>（细竹）</u>（6c）长年作深翠颜色，<u>（颜色）</u>（6d）迫人眼目。

<u>近水人家</u>（7a）多在桃杏花里，<u>春天时</u>（7b）只需注意，<u>凡有桃花处</u>（7c）必有人家，<u>凡有人家处</u>（7d）必可沽酒。

<u>夏天</u>（8a）则晒凉在日光下耀目的<u>紫花布衣裤</u>（8b），可以作人家所在的旗帜。

<u>秋冬来时</u>（9a），<u>人家房屋在悬崖上的，滨水的，</u>（9b）无不明朗入目。

<u>黄泥的墙，乌黑的瓦</u>（10a），<u>位置</u>（10b）却永远那么妥帖，<u>（房屋）</u>（10c）且与周围环境极其调和，<u>使人迎面得到的印象</u>（10d），实在非常愉快。

<u>一个对于诗歌图画稍有兴味的旅客</u>（11a），在这小河中，<u>（他）</u>（11b）蜷伏于一只小船上，<u>（他）</u>（11c）作三十天的旅行，<u>（他）</u>（11d）必不至于感到厌烦。

正因为处处有奇迹可以发现，<u>自然的大胆处与精巧处</u>（12a），无一地无一时不使人神往倾心。

对这个段落中的每个句内话题链进行一个统计，可以得到以下三个类型。

第一个类型是常见的零形回指话题链，比如第2个句号管辖3个小句（2a、2b、2c），每个小句的话题可以看作"白河"；（5a）和（5b）的话题都是"游鱼"；第11个句号管辖4个小句（11a—11d），每个小句的话题可以看作"一个对于诗歌图画稍有兴味的旅客"。

---

① 沈从文.边城［M］.南昌：江西人民出版社，1981：7.

第二个类型的话题链，可以命名为语义包含式：第一个话题在语义上包含了其后小句话题的所指，是语义上的包含关系，如第一个句号管辖小句话题"那条河水"（1a）和"新名字"（1b），（3a）省略的"白河"和（3b）"三丈五丈的深潭"，（4a）"深潭中"和（4b）"河底小小白石子，有花纹的玛瑙石子"。

第三个类型的话题链是顶针式话题链，如"两岸（6a）多高山，山中（6b）多可以造纸的细竹，（细竹）（6c）长年作深翠颜色，（颜色）（6d）迫人眼目"，虽然（6c）、（6d）都省略了，但我们可以自行补出，每个小句都有两个名词性成分，第二个小句的话题是前一句的说明部分。

汉语中的时间短语、处所短语也可以成为句首的话题，比如（8a）和（9a），时间和处所作为话题，来说明发生在该时间段、处所的事物。

当然，这段话中出现的话题链类型，不能涵盖汉语句内话题链的所有情况。如《边城》中有这样的句子：

出口货物俱由脚夫用桑木扁担压在肩膊上挑抬而出，入口货物莫不从这地方成束成担的用人力搬去。

这是语义相对的话题组合成一个句内话题链。这种反义话题链很常见，如一些警句：

悲哀是无边的天空，快乐是满天的星星。

高尚是卑鄙者的通行证，卑鄙是高尚者的墓志铭。

除了语义相反的话题链，还有同一个语义场的词语也可以组合成一个句内话题链，如：

如果说中世纪思想是神学的仆人，那么现代思想就是物质的仆人。

如果说亚当·斯密从正面表述了资本主义原理的精要，那么马克思则从反面揭示了资本主义原理的缺陷。

孤独是不理别人，自己待着；寂寞是没人理，只好自己待着。

在语文教学中引入话题链，有助于师生梳理文本脉络，话题推进其实就是篇章生成的过程，掌握了汉语篇章的基本话题链，就能够自觉地运用话题链类型来写作。不同的文体有不同的话题链结构模式，教学中师生注意在文本细读过程中，慢慢建构话题链知识，逐渐掌握在写作中运用多种话题链写作的方法，也可以根据不同阶段进行语言能力训练，循序渐进，从单一话题链写作提升到顶针式话题链，再提升到多元话题链结合的写作实践。

王尚文先生认为语文教学的核心任务就是教师引导学生去发现、感悟课文美好的语文品质，进而探究其生成的缘由，从而使学生学会借鉴，提升自身语言作品的语文品质，同时培养学生咬文嚼字、推敲语言表达的习惯。他说：

我总觉得我们的语文教学虽然极其重视文本，但往往只重视文本的内容、意思，对其语文品质，无论浅层的还是深层的都不够重视甚至完全视而不见，尤其是深层的，几乎都不大提起。

上语文课，两眼就只盯住课文的语文品质，解决类似《荷花淀》里"你走，我不拦你。家里怎么办？"这一句中间那个句号能否改成逗号这样的问题，别的少管甚至完全不管。[①]

当然，语文课不能只管用句号还是用逗号的问题，但是我们不能小看如何分段，如何使用句号、分号、逗号，能分好段、断好句是一个人语言能力的主要体现。从话题链的角度来审视篇章，每个篇章都有总话题，每个章节有分话题，每个句子有子话题，每个话题之间呈现出清晰的衔接关系，用这个基本原则来指导听说读写，应该不会太离谱。

练习

请详细分析几篇语文课文的各层级话题链结构。

参考文献

戴维·克里斯特尔.现代语言学词典［M］.沈家煊，译.北京：商务印书馆，2004.

黄集伟.媚俗通行证：语词笔记［M］.北京：中国社会科学出版社，2000.

黄寿祺，张善文.周易译注［M］.上海：上海古籍出版社，1989.

姜望琪.语篇语言学研究［M］.北京：北京大学出版社，2011.

金圣叹.金圣叹批评本水浒传：下册［M］.长春：长春出版社，2014.

兰陵笑笑生.金瓶梅［M］.长春：长春出版社，2014.

李碧华.霸王别姬［M］.北京：新星出版社，2013.

李讷，汤普生.主语和话题：一种新的语言类型学［J］.国外语言学，1984（2）：38-44.

刘勰.文心雕龙译注［M］.王运熙，周锋，撰.上海：上海古籍出版社，1998.

柳宗元.柳宗元集.［M］.易新鼎，点校.北京：中国书店，2000.

鲁迅.鲁迅全集：第三卷［M］.北京：人民文学出版社，2005.

鲁迅.鲁迅全集：第一卷［M］.北京：人民文学出版社，2005.

马致远.马致远集［M］.太原：山西古籍出版社，1993.

沈从文.边城［M］.南昌：江西人民出版社，1981.

孙绍振.关键在于命题者的哲学、逻辑和语言修养［J］.语文学习，2015（Z1）：4-8.

王尚文.语文课程与语文品质［J］.语文建设，2013（10）：4-7.

汪曾祺.受戒［M］.北京：作家出版社，2016.

徐赳赳.篇章中的段落分析［J］.中国语文，1996（2）：81-91.

张健，刘存孝.谁提足球我跟谁急［C］.北京：中国文联出版社，1997.

赵元任.汉语口语语法［M］.北京：商务印书馆，1968.

[①] 王尚文.语文课程与语文品质［J］.语文建设，2013（10）：4-7.

第六章

篇章是言语行为组合

夫才童学文，宜正体制，必以情志为神明，事义为骨髓，辞采为肌肤，宫商为声气；然后品藻玄黄，摛振金玉，献可替否，以裁厥中：斯缀思之恒数也。[①]

阅读一篇文章，可以通过话题链来解构，看起来似乎拆碎七宝楼台，只看到土木形骸，但是这种拆解，有助于提高学生的分析能力，看到各种不同文体的结构要素。语文教学，不仅要提高阅读能力，还必须提高写作能力。阅读是输入，写作是输出，一切输入，其实都是为了输出做准备的。接下来，我们进一步思考如何从言语行为角度构思一篇文章。

你会怎么构思呢？是一个汉字又一个汉字地构思，还是一个句子又一个句子地构思呢？如果拿到一个题目，我们首先想的是：这篇题目要我们用语言来完成什么行为？比如在第五章分析过的2015年高考语文新课标全国1卷作文题：父亲开车接电话，女儿报警，此事经警察微博推送，引起热议，要求考生给事件相关人员写一封信，表达态度，阐述观点。在写这篇作文的时候，按照命题专家的意图，"表达态度、阐明观点"属于什么言语行为类型？很自然，应该属于告知类中的判断和推论行为类型，要求考生做出一个明确的判断：是否赞成女儿告发父亲？还必须论证：自己的判断是否正确？还要提出建议：这种做法是否值得社会推广？这个表态其实是要对中国传统文化中孔夫子提出的"父为子隐，子为父隐，直在其中矣"表达观点：孝顺这样的道德约束和法律制约孰轻孰重？为什么儒家传统提倡"子为父隐"？现代社会还需要提倡这套吗？考生如果有一定的言语行为理论基础，是不是很快就可以确定写作思路：作文应该以书信的方式，使用第二人称指称特定读者，先概述"女儿告发父亲"这一事件，然后对其做出判断，并论证所做判断的正确性（论证自己的观点正确，最好是从反例入手），并对收信人提出中肯的建议。给别人提建议，还必须包括对自身的反思，对异见的包容等。

言语行为理论认为，篇章是最大的交际单位，而言语行为是最小的交际单位，我们对写作构思提出一种可能路径：明确要写的篇章的交际意图—确定实现这些交际意图的言语行为—思考各类行为的详略程度—选择合适的言语行为排序。不知道这样的构思理路，对大家的写作和写作教学是不是有帮助？

---

① 刘勰. 文心雕龙译注［M］. 王运熙，周锋，撰. 上海：上海古籍出版社，1998：379-380.

从言语行为出发构思文章，遵循的是从篇章到字句的思路，提倡以篇定章、以章定句，以句定词的路径，而不是以词定句、以句定章、以章定篇。

先去老祖宗那里看看有什么资源可资借鉴。《文心雕龙·神思》篇是我国最早的一篇探讨构思的文章，且看刘勰的构思论：

故思理为妙，神与物游。神居胸臆，而志气统其关键；物沿耳目，而辞令管其枢机。枢机方通，则物无隐貌；关键将塞，则神有遁心。是以陶钧文思，贵在虚静，疏瀹五藏，澡雪精神。积学以储宝，酌理以富才，研阅以穷照，驯致以绎辞。然后使玄解之宰，寻声律而定墨；独照之匠，窥意象而运斤。此盖驭文之首术，谋篇之大端。①

这段话提出构思的三个阶段：志气—物—辞令。"志气"是作者的情志意气，"物沿耳目"是作者感知外物，"辞令管其枢机"是指语言掌管表达的枢纽，这三个阶段可以对应语用、语义、语形三个层面。构思应该从作者的情志意气出发，也就是先要明确自己的言语行为意图，然后再落实到语义内容层面，最后再用语言形式来表现。刘勰认为这三个阶段是"驭文之首术，谋篇之大端"。本章开头引用了刘勰《文心雕龙·附会》中对谋篇布局的论述，这段话中认为"情志—事义—辞采—宫商"的过程是"缀思之恒数"，即为文构思不变的方法。"情志"是文章的神明，即作者写作的意图；"事义"为骨髓，即所写的事情和内容；"辞采"为肌肤，就是具体的语言形式，"宫商"则是文章的节奏感、韵律。这段话对语用、语义、语形三个层面表述更加清晰，可作为构思论的基本原则。现代语用学应该如何在前人的基础上进一步拓展语言建构与运用的思路呢？是不是可以先不论事义和辞采，而从一个篇章的言语行为组合序列开始呢？我们知道言语行为是按照作者的意向性来分类的，言语行为就是作者的情志意图。

《文心雕龙·章句》第一段说明篇章和字句的关系：

故章者，明也；句者，局也。局言者，联字以分疆；明情者，总义以包体：区畛相异，而衢路交通矣。夫人之立言，因字而生句，积句而成章，积章而成篇。篇之彪炳，章无疵也；章之明靡，句无玷也；句之清英，字不妄也；振本而末从，知一而万毕矣。②

章就是明晰，句就是界限。字句有分解，篇章中的情志意图意义却要形成整体，词构成句，句构成段落，段落构成篇章。这部分好理解，但是从"篇之彪炳"之后，就有不同认识了。篇、章、句、字，到底谁是根本，谁是末梢？

这段话中"振本而末从"有多种理解，王运熙、周锋在对《文心雕龙》的注解中说："振本：振动根本。本，指字为句的根本，篇为章的根本。末，末梢。"本文不同意王运熙先生的注释，因为"振本而末从，知一而万毕矣"语义相承，应该解

---

① 刘勰.文心雕龙译注［M］.王运熙，周锋，撰.上海：上海古籍出版社，1998：244.
② 刘勰.文心雕龙译注［M］.王运熙，周锋，撰.上海：上海古籍出版社，1998：307.

释为"篇为章之本，章为句之本，句为字之本，明确了篇章的情志意图，一切就能迎刃而解了"。考察刘勰的观点，在本章开头所引《文心雕龙·附会》中说得很明确，"必以情志为神明，事义为骨髓，辞采为肌肤，宫商为声气"，可见反映作者情志的篇章总体是根本。

篇章和字句谁为根本的争论，是语言学中的一个重要议题，从语言形式层面看，确实是按照"词—句—章—篇"的顺序累积而成，但是从语用层面看，首先要有作者的情志意图，然后才有语义输出，最后再落实到字句语形层面，所谓以篇定章—以章定句—以句定词。

《文心雕龙·附会》中"篇之彪炳"之后的文句可解释为：篇章的意图情志（作者的言语行为意图）清晰了，段落就不会有瑕疵；段落明白细致了，句子就不会有缺点；句子写得清丽，词就不会草率；篇为章之本，章为句之本，句为字之本，明确了篇章的情志意图，一切就能迎刃而解了。

从语用学的角度凸显作者的言语行为意图（情志），为文构思首先要先明确言语行为的组合序列，然后再以事义为骨髓，辞采为肌肤，事义辞采只是实现作者意图的载体和手段。这是本章的基本假设，以此为基础，本章分为三节，第一节介绍篇章的三大功能，探究篇作者言语行为意图框架；第二节以具体篇章为例，证明篇章是各种言语行为的组合序列；第三节分析叙事语篇的基本结构，因为叙事篇章是语文教学中最主要的类型。本章还会讲到议论篇章的结构特征。学会叙事和论证，是语言建构与运用能力的核心目标。

第一节　篇章的三大功能

语篇是我们使用语言的最具体的方式，我们说话、写作都必须以篇章的形式完成。汉语的"语篇"，在英语中可以找到两个相对应的词语，一个是"discourse"（话语），一个是"text"（篇章）。根据戴维·克里斯特尔的《现代语言学词典》：

discourse　话语　语言学用此术语指一段大于句子的连续语言（特别是口语）……一段话语是语言学中具有前理论地位的一个行为单位；它是一些话段的集合，构成各种可识别的言语事件（无须参照其语言学上的结构，如果有这种结构的话）。例如一次会话，一个笑话，一次布道，一次采访……有些语言学家从一个更宽的、心理语言学的角度来研究话语，认为话语是人们语言互动过程中支配其行为表现的一个表达和理解的动态过程。也有的语言学家从社会语言学的角度，强调话语的目的和功能。[①]

再来看看"text"的定义：

text [−ual(ity)，−ure，−linguistics]　篇章，语篇（篇章的，篇章性，篇章语言学）
语言学和语音学的一个前理论术语，指为分析和描写目的而记录下来的一段语

---

① 戴维·克里斯特尔.现代语言学词典［M］.沈家煊，译.北京：商务印书馆，2004：111-112.

言。需着重指出的是，篇章不仅指结集的书面材料也指口说材料(后者经某种转写)，例如会话、独白、仪式讲话等等。语义学有时用篇章意义（textual meaning）指分出的一类意义，即影响一个句子理解的那些来自句子所在篇章其他部分的因素；例如一个剧本或一部小说的某一处出现的一个句子成词，其意义只有参照前文才能理解。①

很多语言学家认为二者没有什么区别，也有人认为话语是表达和理解的动态过程，篇章则是有形的产物。也有人持相反的观点，认为"篇章是抽象的概念，而话语是这个抽象概念的实现"。

言语行为一再强调，言语交际的最小单位不是语句，而是言语行为。那么篇章可以做什么事情呢？换一个问法：我们可以用篇章来实现什么交际功能？

在第五章我们介绍了篇章的特征，一个完整的篇章应该具有信息性、意图性、连贯性。如果从语言形式、语言意义、语言功能三个层面来看，篇章可以如下描述。

从语形学看，语篇大于句子，是语段的集合，所有的句子必须依凭篇章才能确定其句法关系。当然，我们也注意到很多研究者认为一个词也可以成为一个语篇，如火灾发生时人们惊呼"火"，在一个死胡同中看到一个标语"此路不通"等，这些是篇章的特例。

从语义学看，语篇是语言符号实现意义的依托，所有的词语意义、句子意义都要依靠篇章才能得到确定。从语篇中脱离出来的词语或者句子的意义都不是语用意义，而是词汇意义或者语法意义。语用意义只能在语篇中得到实现，言外之意的产生和理解都只能在具体的语境中进行，也都只能在具体的语篇中进行。离开了语篇，话语意义便找不到落脚之处。

从语用学看，语篇是人际交流的工具，人们运用语篇来完成表述断言、请求指令、承诺宣告、传情达意等各项行为类型，任何一个语篇都应该完成一种以上的语用意图。人们主要依据语句所提供的信息和自身所具有的内在性认知世界知识，结合语境，补充相关信息，通过激活机制在上下文的概念成分之间发现照应关系，并着力寻求命题的发展线索，努力获得语用推理上的顺应性，语篇就可以在心智上建立一个统一的认知世界，话语之间就具有连贯性，人们就能理解整个语篇。

按照功能语言学的观点，篇章的基本功能包括信息功能、人际功能、组织功能。

一、篇章的信息功能

我们使用语言谈论关于世界的经验，包括我们的内心世界，来描述事件与状态及它们包含的事物，这是语言的信息功能。所谓信息功能是指我们写作一篇文章是为了给读者提供新信息，语篇是在已知信息、新信息的基础上把篇章组织成一个信息单位，正如我们在第三章第三节中分析过的丁肇中先生的《应有格物致知精神》

---

① 戴维·克里斯特尔.现代语言学词典［M］.沈家煊，译.北京：商务印书馆，2004：358.

一文所展示的，一篇文章要通过表述一些已知信息和大家都认同的共同判断，然后在此基础上，提出一些新信息，比如一个未知的事件，一个新的理念，一种新的知识、感受，或一种新的操作方法。记者写新闻，就是要求真求新。读者之所以愿意读文章，也是希望能得到新信息，如了解新事件，做出新判断、新的推论等。我们写作，必须感受到一种自我否定的冲击，所写的信息对自己来说也是新的，求异创新是写作的基本动力，"异""新"，主要体现在信息上的独特与新颖。韩愈在《答李翊书》中提出"惟陈言之务"，祛除陈言，也就是消除成见，建构新知。写作是不断否定自我的过程，不断丰富自我的过程，不断确认自我的过程。

二、篇章的人际功能

我们还使用语言与他人互动，来建立和维系与他人的关系，改变他人的行为，表达、得到和改变我们对世界的看法，这是语言的人际功能。

通过语言的人际功能，讲话者使自己参与到某一情景语境中，来表达他的态度和行为。人际功能还表示与情境有关的角色关系，包括交际角色关系，即讲话者或听话者在交际过程中扮演的角色之间的关系，如提问者与回答者，告知者与怀疑者等之间的关系。

语言是社会人的有意义的活动，是做事的手段，是动作，因此它的功能之一必然是反映人与人之间的关系，或是对话轮（turn-talking，指讲话的轮次）的选择做出规定，或是对事物的可能性和出现的频率表示自己的判断和估测，或是反映说话人与听话人之间的社会地位和亲疏关系。这个功能称为篇章的人际（interpersonal）功能。

尽管语言的言语角色多种多样，但最基本角色只有两个：给予和求取。讲话者或者给予听话者某种东西，或者向他求取某种东西。给予意味着"请求接受"；求取意味着"请求给予"。这就是说，讲话者不但自己做事，同时还要求听话者做事。由此可见，讲话的过程实际上是个讲话者和听话者的交流过程。交际中的交流物也可分为两类：物品和服务、信息。

语言除具有表达讲话者的亲身经历和内心活动的功能外，还具有表达讲话者的身份、地位、态度、动机和他对事物的推断等功能。

语篇，在现代语言学中被理解为是作者和读者之间进行的一场舞蹈，这场舞蹈是由词语、行为、道德、信仰、时空等要素共同组成的。在写作中，作者尽其可能地了解读者，甚至限定其理想读者，预测读者的阅读期望，从而更充分地实现他（她）的写作目的。

书面语篇互动是指在书面语篇中作者和读者之间的交流和互动关系，这种互动与文章的命题内容没有直接的关系，其主要功能是作者为了与读者进行人际协商和话语互动。

语篇的人际功能可以是一种"我和你"的关系，一方面，作者通过语篇来反思自我、确认自我、提升自我；另一方面，影响读者的认识、理念，改变读者的行动，在作者和读者之间营造一种"主体间"关系。

三、篇章的组织功能

在篇章中，我们还使用各种语言形式来组织我们的信息，并使之与周围的其他信息、我们谈论和写作时的更广阔的语境相适应，这是语言的组织功能。

实际使用中的语言的基本单位不是词或句这样的语法单位，而是表达相对来说完整思想的语篇。上述信息功能和人际功能，最终都要由说话人把它们组织成语篇才能实现。

语篇除了能传递信息之外，更重要的是完成人际沟通的功能，影响和改变读者的认知和情感态度。而为了完成信息功能和人际功能，我们必须把篇章编织得更加有条理，更具可读性。所以，也有语言学家认为篇章还具有审美功能。

结合言语行为五大类型来对应语言的三大元功能，告知行为是为了实现信息功能，指令、承诺、表情是为了实现人际功能，宣告不仅传递新知，而且也建构一个新的社会认知；而组织功能，则是由词法、句法、指称和指示等具体功能来实现的。

以丁肇中《应有格物致知精神》为例，该文传递了很多信息，有些是华夏民族社群的共知信息，如《大学》中提出"格物致知"精神；有些是科学界的共同判断，如"现代学术的基础就是实地的探察，就是我们现在所谓的实验"；也有的是作者的个人认识，如"这可能是因为传统教育的目的并不是寻求新知识，而是适应一个固定的社会制度"。社群共知信息、专业领域的共同判断，是不需要加上"可能"这类表示信息可信程度的副词。

丁肇中先生也提出了一些建议，比如"要培养实验精神""要保留一个怀疑求真的态度，要靠实践来发现事物的真相""要自己有判断力""希望我们这一代对于格物和致知有新的认识和思考，使得实验精神真正地变成中国文化的一部分"，这些建议行为，实现的主要是人际功能，对听众提出一系列建议，影响他们的理念和行为，一起构建现代科学观念。

在这篇演讲中，有些词语不断地重复，如"格物致知""实验精神"等，还使用了各种话题链模式，有不少指称、指示成分，信息分布呈现出语义递进关系，这些都是连缀篇章的功能——组织功能。

我们在语文教学中，可以按照信息功能—人际功能—组织功能三个层面对一篇课文进行解读。我们在第二章以柳宗元的《江雪》为例，从语形学、语义学、语用学三个层面依次解读文本，现在我们又多了一个从篇章的三大功能角度解读篇章的路径，比如《江雪》的信息功能看起来不大，没有传递太复杂的信息，只是虚构了一个千山万径阔大而缺少生命的凄清场景，一个孤舟蓑笠翁独钓寒江雪的倔强形象；在人际功能上却很丰富，柳宗元用这首小诗来表达自己对时事的看法，向世人袒露其傲骨，激励读者不妥协等；而每句首字构成"千万孤独"，似乎也可以视为一种组织功能的实现手段。

其实很多课文的课后思考探究题目排列都暗合这个顺序，只是可能有些教师还缺少篇章语用学理论的自觉罢了。比如人教版《语文》（七年级下册）《孙权劝学》这篇小短文：

初，权谓吕蒙曰："卿今当涂掌事，不可不学！"蒙辞以军中多务。权曰："孤岂欲卿治经为博士邪！但当涉猎，见往事耳。卿言多务，孰若孤？孤常读书，自以为大有所益。"蒙乃始就学。及鲁肃过寻阳，与蒙论议，大惊曰："卿今者才略，非复吴下阿蒙！"蒙曰："士别三日，即更刮目相待，大兄何见事之晚乎！"肃遂拜蒙母，结友而别。

该文课后思考和积累拓展安排如下：

一　朗读课文，理解大意。说说孙权为什么要劝吕蒙学习，又是怎样说服吕蒙的。

二　课文是怎样表现吕蒙学识进步的？吕蒙的变化对你有什么启示？

三　诵读下列句子，体会加点词所表示的语气。（例句略）

四　文言文中的称谓语非常丰富，有他称（除一般他称，又有爱称、敬称等）。说说下列句中加点的称谓语分别属于哪种情况。课外再搜集一些。（例句略）

五　参考下面的提示，把课文翻译成现代汉语。（翻译提示：留、替、调、补、删等翻译实践方法）

该文课后思考探究，第一题是考查学生对篇章中的语义信息的掌握；第二题问"吕蒙的变化对你有什么启示？"可以归入人际功能，突出篇章对读者的影响；第四题考查各种人物的指称、指示，培养学生的篇章组织能力。

作为一名语文教师，就这篇文章，你还能设计哪些思考探究题呢？一篇记叙文，总是离不开时间线索的，请问这篇文章有哪些时间指示词语？大家注意到文章中的"初""乃""及""今者""三日""晚""遂"等词语的时间指示功能了吗？我们列出这篇文章的时间线：初，权谓吕蒙曰—蒙乃始就学—及鲁肃过寻阳—惊今者才略—士别三日刮目相待—见事之晚—肃遂拜蒙母。

用"初"开篇，用"遂"结篇，篇章虽短，但转承启合，结构完整，记叙文的每个时间点都交代得很清楚。

如果从故事的结构来看，大家可以整理出几个事件状态：事态1：吕蒙不学—事态2：孙权谓之不可不学—事态3：吕蒙辞以多务—事态4：孙权告之常读书大有所益—事态5：吕蒙始学—事态6：鲁肃惊其非吴下阿蒙—事态7：吕蒙的骄傲—事态8：鲁肃拜其母。这八个事态是故事梗概，如果按照故事语法（故事语法将在本章第三节具体论述），一个故事至少要写一个事件改变了某种状态，具体的公式为：

故事＝状态1＋事件2＋状态3

状态3是状态1的翻转，事件2是翻转的动力，大家能概括这个故事的三个结构要素吗？是不是可以概括为：吕蒙不学，不为人敬重—孙权劝学—吕蒙好学，受人尊敬。

这个故事的核心是什么？从文章篇幅上来说，应该分两个部分：孙权劝学和鲁肃过蒙，为什么题目定为"孙权劝学"呢？因为"劝学"事件才是改变吕蒙生存状态的动力事件。记叙文有记叙文的结构要素，议论文有议论文的结构模式，这些模式是从无数个具体的篇章中归纳出来的，具有一定的规律性，这些规律又具有一定的可操作性，但绝不是放之四海而皆准的真理，是可以被例外证伪的，是可以被一些创造性作品突破的。

各位读者可以统计一下，有多少课后思考探究是遵循三大功能路径的，也可思考一下，这些思考探究在设计上是否有更科学的理论基础？作为一名语文教师，还必须掌握对阅读文本设计思考探究题的能力，设计思考题有没有相应的理论原则、路径方法？这一方面，语用学理论是否可以提供帮助？

第二节　篇章是言语行为的组合序列

一、言语行为组合与篇章构成

在第三章第三节分析过丁肇中的《应有格物致知精神》这篇演讲稿，全文有1个表情类行为、33个告知类行为和7个指令类行为，其中33个告知类行为又包括叙事、判断和推论等次类行为，7个指令都是建议类次行为。这也是言语行为理论的一个核心观点：交际的最小单位是言语行为。我们在构思一篇文章的时候，可以从言语行为的组合序列入手，这个构思的方法在本章前文已经提及。既然构思是经由策划言语行为序列完成的，那么篇章也就可以划分为各种可识别的言语行为组合。本章的前言部分解说了《文心雕龙》的构思论和篇章观，刘勰通过总结梳理先秦两汉文章创作，用骈体文审美地建构文学理论和修辞理论，提出了不少极有见地的观点，但正如丁肇中先生在《应有格物致知精神》的演讲中提出的：中国传统不注重实证分析，虽然提出以格物致知为教育的基础，但是在有计划地探索实践方面还需现代化。

二、运用举例

（一）道歉信举例

接下来以道歉信为例，来说明篇章中言语行为组合的基本框架。

道歉能让人恢复尊严、消解怨气、平息争斗、给予宽恕。公共道歉（尤其政府道歉和官员道歉、公众人物道歉）在20世纪90年代以后才迅速增多，然而因为"失败的道歉盛行"引起了各学科领域的关注，社会学、政治学、法学、心理学、语言学等诸多领域都出现了相关研究。汝绪华、汪怀君说：

令人惊奇的是，截至20世纪90年代以前，作为公共道歉重要形式的政府道歉都是一种稀缺品，然而，自20世纪90年代以来短短的20年间，政府道歉在国外迅速增长，并获得高度认可，政府道歉研究也随之迅速升温。[1]

---

[1] 汝绪华，汪怀君.国外政府道歉研究的兴起及评述［C］//上海市哲学社会科学规划办公室，上海社会科学院信息研究所.国外社会科学前沿（2013年第17辑）.上海：上海人民出版社，2014：2.

西方理论界对于政府道歉与补偿正义相关政策及其效果的实证与比较研究成果极大地推动了西方国家政府道歉的进步。愿意道歉并且能有效道歉，是现代社会的标志，也符合"过而能改，善莫大焉"的古训。但有人认为，中国人不善于道歉，在道歉的过程中经常弄巧成拙，把道歉弄成了辩解。大家看看下面这封道歉信，是道歉还是辩解？首先让我们看看信中说话人做了哪些事情（而不仅仅是说了哪些话）？

各位网友：

你们好！我是熊猫烧香的第一版作者。

我真的没有想到熊猫烧香在短短的两个月竟然疯狂感染到这个地步，（**告知类中的叙事，因为根据预设理论，"真的没想到"类的句子属于心理认知动词，"熊猫烧香在短短的两个月疯狂感染"这个事实为真**）真的是我的不对，（**告知类中的判断**）或许真的是我低估了网络的力量，（**告知类的判断，预设"我低估了网络的力量"**）它的散播速度是我想不到的！（**告知类的判断**）对于所有中毒的网友、企业来说，可能是一个很大的打击，（**告知类的判断**）我对此表示深深的歉意！很对不起！（**表情类**）

我要解释一些事情，有人说熊猫烧香更改熊猫的图标是我在诋毁大熊猫！（**告知类的叙事**）这里我要解释下，这是绝对没有的事情，完全是出于这个图片比较让我个人喜欢，才会用的！（**告知类中的推论**）

还有关于变种，我写这个的初衷也是这个，纯粹是为了编程研究，对于出了这么多变种，我是根本想不到的。（**告知类的判断**）

我在这里承诺，本人是绝对没有更新过任何变种的。（**承诺类**）

关于中毒后的一些错误，有电脑中毒后会有蓝屏、无声、卡死、文件丢失这些现象。蓝屏和死机的原因有很多可能，熊猫的主程序是不会造成电脑死机或蓝屏的，更不会把别人电脑里面的文件弄丢失！（**告知类的判断、推论**）

最后就是关于我的身份，大家不要再猜测我是谁了（**指令类的请求**）……希望安全软件公司，不要吹嘘，相互诋毁，相互炒作，尽力做出让人们信赖的好的安全软件！（**指令类，语力强烈，似为命令**）

这是我写的一个专杀程序，肯定是比不上专业级的杀毒软件了，但是我想这是我最后能给大家做的事情了。（**告知类的叙事，"他写了一个杀毒程序"，同时也有判断**）

熊猫走了，是结束吗？不是的，网络永远没有安全的时候，或许在不久后，会有很多更厉害的病毒出来！所以我在这里提醒大家，提高网络安全意识，并不是你应该注意的，而是你必须懂得和去做的一些事情！（**指令类的建议**）

再一次表示深深的歉意，同时我发出这个专杀，愿能给大家带来帮助！（**表情类**）

熊猫烧香的作者于仙桃市第一看守所①

大家在该文中有没有看到一个又一个言语行为？参照第三章各类言语行为的构

---

① 参见 https://society.dbw.cn/system/2007/02/16/050708739.shtml。

成性规则，一封道歉信也必须有一系列的构成性规则，首先对该道歉信进行言语行为类型标注，见例子中加括弧的内容，发现其中共有告知类（包括叙事、判断和推论）、表情类、指令类（包括请求、建议）、承诺类四种行为，这四种行为是一个完整的道歉信的构成性条件。

（二）道歉言语行为的基本模块

在分析了多篇道歉文本之后，我们提出道歉语篇的言语行为的基本模块，具体如下。

1.表情类

表示自责和道歉，即说话者使用含有诸如"对不起""抱歉""原谅我"等词、词组、句子来表达内心的歉意。

2.告知类中的叙事

说话人要对所做错事进行概述，承认对某事负有责任，即说话人认识到自己对他人造成了冒犯。道歉者对错误的认识程度的范围有很大的伸缩性，既可以对造成的冒犯承担全部责任（"这全部是我的错"），也可以以较弱的语气表达某种过失（"我没有意识到……"）。

3.告知类中的判断和推论

解释造成过失的原因，即说话人向听话人解释造成此类过失的背景条件及其主客观原因。

4.指令类行为中的请求和建议

请求对方原谅，并建议社会对受害者给予帮助、宽容等。

5.承诺类

道歉者将自我约束，在未来对受害者的损失给予弥补，允诺此类过失以后不再发生。

6.道歉文本的言语行为组合序列

这样我们可以列出一个道歉文本的言语行为组合序列：

道歉文本=表情类+告知类（概要叙事+判断+解释）+请求类+承诺类

知道了道歉文本的言语行为基本结构之后，我们就可以试着为某个人或者企事业、行政单位构思、起草一篇道歉文本了。认识了道歉文本的基本结构之后，我们还要注意道歉和辩解的区别，因为我们很容易在犯错之后进行辩解而不是道歉。上面所举熊猫烧香的道歉信就有辩解之嫌。

乔纳森·波特（Jonathan Potter）、玛格丽特·韦斯雷尔（Margaret Wetherell）在《话语和社会心理学：超越态度和行为》指出：

在词典中，"辩解"是指对受到指责的某种见解或行为加以申辩或解释……它承认相关行为在某些方面是不当的，但是又宣称这些行为是由一些外在因素引起的，或是受到其影响。①

---

① 乔纳森·波特、玛格丽特·韦斯雷尔.话语和社会心理学：超越态度和行为[M].肖文明，等译.北京：中国人民大学出版社，2006：74.

该书还列举了"辩解"的一系列手段，主要有"否认意图、否认选择意志、否认自己的作用、诉诸可令责任减轻的情况"等。熊猫烧香病毒作者在道歉信中用"我真的没想到""这是我想不到的！"等语句来否认意图、否认选择意志等，该例与其说是道歉，不如说是一场辩解。

人非圣贤，孰能无过。但愿我们在今后的生活中，一旦犯了错误，要多一些知耻改过的勇敢，少一些抵赖、透过、大事化小的辩解。

✎ 练习

请看以下两篇贺信，试着分析这类篇章由几个言语行为构成？这些言语行为组合序列有没有固定模式？

中共中央　国务院致第30届奥林匹克运动会中国体育代表团贺电（2012）[①]

中国体育代表团：

在举世瞩目的第30届奥林匹克运动会上，中国体育代表团表现出色，收获了38枚金牌、27枚银牌、22枚铜牌，位居金牌榜和奖牌榜前列，谱写了我国竞技体育新的辉煌篇章，在世界面前展现出改革开放的中国各族人民的良好精神风貌。党中央、国务院向你们表示热烈的祝贺和诚挚的问候！

刚刚过去的17天里，中国体育代表团的运动健儿们在奥运赛场上频传捷报，雄壮的中华人民共和国国歌一次次奏响，鲜艳的中华人民共和国国旗一次次升起。你们大力弘扬中华体育精神和奥林匹克精神，胸怀祖国、牢记重托，不畏强手、奋力拼搏，展示出高超的运动技能和顽强的意志品质，为祖国和人民赢得了荣誉。你们同各国各地区体育同行相互切磋、深入交流，为促进国际奥林匹克运动发展、增进我国人民同各国各地区人民的友谊发挥了积极作用。你们的优异表现，极大激发了全国各族人民的爱国热情，极大增强了海内外中华儿女的民族自信心和自豪感。

当前，全党全国各族人民正满怀信心地推进改革开放和社会主义现代化建设，努力以优异成绩迎接党的十八大胜利召开。希望你们立足新的起点，戒骄戒躁，再接再厉，总结经验，从零开始，不断提高运动竞技水平和体育道德水平，为推动我国体育事业科学发展、建设体育强国，为实现全面建成小康社会奋斗目标、开创中国特色社会主义事业新局面贡献更大力量！

祖国和人民期待着你们凯旋！

中共中央

国务院

2012年8月12日

[①] 参见 http://politics.people.com.cn/n/2012/0813/c1026-18725189.html。

中共中央　国务院致第31届奥林匹克运动会
中国体育代表团贺电（2016）[①]

中国体育代表团：

在举世瞩目的第31届奥林匹克运动会上，我国体育健儿肩负祖国和人民期望，顽强拼搏，奋勇争先，取得26枚金牌、18枚银牌、26枚铜牌的优异成绩，展现了追求卓越的意志品质和昂扬向上的精神风貌，为祖国人民赢得了荣誉。党中央、国务院向你们表示热烈的祝贺和亲切的慰问！

在里约奥运赛场上，我国体育健儿大力弘扬奥林匹克精神和中华体育精神，同世界各国各地区运动员相互学习、相互交流，增进了友谊和了解。你们尊重对手、尊重裁判、尊重观众、尊重规则，表现出精湛的运动技艺和优良的竞赛作风，向世界展现了当代中国的正能量和当代中国人民的精神风貌。你们的优异成绩和奋发表现，激发了全国各族人民和海外华侨华人的爱国热情，振奋了民族精神，凝聚了奋进力量。

伟大的事业需要伟大的中国精神，伟大的征程需要伟大的中国力量。希望你们继续发扬我国体育界的光荣传统，再接再厉，总结经验，克服不足，努力争取更加优异的成绩，进一步激发广大人民群众支持和参与体育运动的热情，带动群众体育普及开展，促进全民健身和全民健康深度融合，积极推进健康中国建设，让广大人民群众共享体育运动带来的健康和快乐。

全党全国各族人民要学习和弘扬我国体育健儿在奥运赛场上表现出来的团结一心、顽强拼搏精神，努力在各自岗位上不断追求卓越、追求超越，万众一心实现"两个一百年"奋斗目标、实现中华民族伟大复兴的中国梦。

中共中央

国务院

2016年8月22日

第三节　叙事篇章中的记述和描写

叙事和论证是语文教学中最常见的文体。语言学相信只要是一种语言现象，作为一个整体，一定是由若干个组成部分构成的，这些成分按照一定的规则组合，形成一篇文章。语言建构与运用，很重要的任务是要去探究每一类常见的文体篇章是由哪些组成部分构成的，这些成分之间暗含哪些规则，这类探究要求师生在语文教学中一起努力，不断积累和梳理语言运用经验，并能结合具体语境进行个性化实践。当然还需注意，这些规则不是颠扑不破的真理，而是随着我们的认知水平的提升而不断被完善的一系列可以被证伪的假设。

---

① 参见 http://cpc.people.com.cn/n1/2016/0822/c64387-28656204.html。

议论文的结构在本章开头部分已经稍做了些讲解。目前，对汉语议论类篇章的研究还远远不够充分（其实汉语篇章语用学的研究也才刚刚起步），汉语的论证传统中有重"说"轻"论"的倾向，而现代社会需要每个公民都有较高的论证能力，论证能力的提高，是语文教学要承担的重要任务。大家看看最近这些年的高考作文题目，越来越倾向于论题化，尤其是出现了允许考生从多个角度来选择不同立场的论证题目，这应该是一个很好的趋势。对论证感兴趣的读者可以读一读《论证的使用》，作者是英国的斯蒂芬·E.图尔敏（Stephen E. Toulmin），该书提出了在论证研究中最有影响力的"图尔敏论证模型"，这一模型作为现代社会论辩和论证的基本模型，广为运用。

本节只对记叙文的基本结构进行实验探究。相比议论文，记叙文是一种更基本的文体。讲故事作为一种言语行为，可能要比讲道理更早一点出现在人类原始社群中。在这一点上，大家可以看看尤瓦尔·赫拉利的《人类简史：从动物到上帝》。当然，表达情感可能是最早的言语行为，语文教育很注重情感语言的听说读写，很多老师致力于在教学中不断朗读，体会文章的情感，但卡西尔的名著《人论》中提出人和动物的区别，在于人类不仅能使用情感语言，还会使用命题语言。

在叙事篇章中，作者用命题语言叙述事件的发展过程，注重事件发生的时间线索，通过陈述事件探究因果关系，也通过人物的命运和抗争感动读者，进而引导读者思考、反省。人类很早就看到故事有建构想象共同体的功能，华夏民族一代一代讲述三皇五帝的传说，用故事产生凝聚力，用故事来生孕育文化，比如，中国很多地方都有大禹的神庙，这些神庙体现了对这些古代部落首领英雄故事的传颂。叙事是语言的主要功能，在事件的过程中，我们不仅要记录动作行为，同时也要介绍行为发生的时代背景和故事场景。一篇故事，既有连续的动作行为，又有场景描写，本文把记录连续动作的话语叫作记述行为（记述句），把介绍动作发生的时代场景叫作描写行为（描写句）。本节准备结合叙事学的一些基本理论，来讨论叙事类语篇中的记述行为和描写行为。

一、故事的语法

美国宾夕法尼亚大学罗曼语系终身教授杰拉德·普林斯（Gerald Prince）在《故事的语法》一书这样界定"最小故事"：

一个最小的故事由三个相结合的事件构成。第一个事件和第三个事件是状态性的，第二个故事是行动性的。另外，第三个事件是第一个事件的逆转。最后，三个事件由三个连接成分以下列方式组合起来：（a）第一个事件在时间上先于第二个事件，而第二个事件先于第三个事件；（b）第二个事件导致第三个事件。[1]

《故事的语法》中有个常见的例子：

---

[1] 杰拉德·普林斯.故事的语法［M］.徐强，译.北京：中国人民大学出版社，2015：16.

约翰很不开心，后来，约翰遇到了一个女人，后来，作为结果，约翰很幸福。

这是一个最小的故事，我们可以对故事给出一个最简单的公式：

故事＝状态1＋事件2＋状态3

状态3对状态1的翻转越强烈，故事性越强。但是在我们实际的叙事过程中，总是不满足这样的最简语法，现实的复杂性也往往超越了这样的最简模式。如《伤逝》中涓生和子君从痴情热恋到悲情分离，这次爱情又导致子君这个活泼泼的女子抑郁而死，这是对故事的概述。中间还有很多小故事，涓生失业，也是一个故事，从工作状态发展成为失业状态；两个人同居，从会馆搬到吉兆胡同，都是不同状态之间的转变。所以杰拉德·普林斯又说：

简单故事以不同的模式组合，产生了不同种类的复杂故事。学者们一般区分出三种基本组合类型：联结（conjoining）、交替（alternation）和嵌入（embedding）。在联结中，可以通过连接成分或连接成分组群的方式，把一个简单故事与另一个故事联结起来。

故事的"联结"是最常见的，如：

约翰很不开心，后来，约翰遇到了玛丽，后来，作为结果，约翰很幸福。

约翰很幸福，后来，约翰又遇到了安娜，后来，作为结果，约翰很不开心。

在这两个相邻事件中，只有"约翰"是施事者，约翰经历了：状态1（不开心）—遇到玛丽—状态2（幸福）—遇到安娜—状态3（不开心），这就是故事的联结。

在《故事的语法》中对"交替"的定义是：

交替被茨维坦·托多罗夫定义为这样一种叙述方式："同时叙述两个故事，一会儿中断一个故事，一会儿中断另一个故事，然后在下一次中断时再继续前一个故事。"更确切地说，在交替中，成分简单故事A的某个叙事片断，将接续另一个成分简单故事B的某个叙事片断，接下来又依次又接续A的某个叙事片断，等等，以此类推。

比如：

约翰很幸福，而玛丽很不幸福。约翰遇到了玛丽，而玛丽却喜欢安娜。后来作为结果，约翰很不开心，而玛丽却很开心。

第三种故事组合类型是"嵌入"。

至于嵌入，是这样的一种手段，一个完整的简单故事被置于另一个简单故事的第一个和第二个叙事片断之间。

约翰很幸福，而玛丽很不幸福。玛丽遇到了安娜，玛丽却喜欢安娜，后来作为结果，玛丽很开心。约翰遇到了玛丽，后来作为结果，约翰很不开心。

✎ 练习

1. 有了最小故事的语法模型，大家是不是可以开始写一个最小的故事呢？在有了这个最小故事模型之后，我们可以采取联结、交替、嵌入的方式写一个更为复杂的故事了。

2. 试分析《孔乙己》《伤逝》《变色龙》等经典短篇小说篇目，分析它们有多少个最小故事结构，各故事结构之间是如何组合起来的。

二、叙事话语中的记述句

叙述者（说话者或写作者）讲述连续的事件，随着事件在时间和空间维度中展开，总有叙述主线和叙述的主要对象（行为主体）出现。叙事语篇重点在于讲述在一个连续的时间内某一个或几个施事的动作。比如：

［例6-1］祥子喝了一气凉水，然后拿着三十五块很亮的现洋，两个棒子面饼子，穿着将护到胸际的一件破白小褂，要一步迈到城里去！①

［例6-2］<u>祥子昏昏沉沉的睡了两昼夜，虎妞着了慌。</u>到娘娘庙，她求了个神方：一点香灰之外，还有两三味草药。给他灌下去，他的确睁开眼看了看，可是待了一会儿又睡着了，嘴里唧唧咕咕的不晓得说了些什么。虎妞这才想起去请大夫。扎了两针，服了剂药，他清醒过来，一睁眼便问："还下雨吗？"②

叙事行为的语篇，很注重时间的连续性，句子的前后顺序是不能互相调换的，假如把例［例6-2］中的第一句转换为：

［例6-3］虎妞着了慌，祥子昏昏沉沉的睡了两昼夜。

改换顺序后，［例6-3］就会让读者感到疑惑。叙事话语中的记述顺序与事件发生的先后顺序形成象似性关系，一旦调换，则语义完全不同，这是记述句最重要的特征。另外一个特征是关注动作的施事，［例6-1］、［例6-2］两个例子以人物为中心，而且这些施事都处于句子的最前面，不会出现施事处于宾语位置上这类特殊的句法现象。当然，言语行为的特征是一种集合体，不是二元对立的，有的句型属于记述的典型范畴，有的则属于边缘范畴，典型的记述句至少应该具备以下特征：

（1）动词是瞬间动作而不是持续的状态；

（2）动作是人为的、有意愿的；

（3）动作是现实的而非虚拟的；

（4）施事对受事有很强的支配力；

（5）施事者有很强的个体性。

［例6-2］这样的句子属于典型的叙事语体句，符合上面列出的要求；而在《骆驼祥子》中的另一段，则属于非典型的叙事语体句：

北平的洋车夫有许多派：<u>年轻力壮，腿脚灵利的，讲究赁漂亮的车，拉"整天儿"，爱什么时候出车与收车都有自由；拉出车来，在固定的"车口"或宅门一放，专等坐快车的主儿；弄好了，也许一下子弄个一块两块的；碰巧了，也许白耗一天，</u>

----

① 老舍.老舍文集［M］.北京：商务印书馆，2009：261.

② 老舍.老舍文集［M］.北京：商务印书馆，2009：364.

连"车份儿"也没着落，但也不在乎。这一派哥儿们的希望大概有两个：或是拉包车；或是自己买上辆车，有了自己的车，再去拉包月或散座就没大关系了，反正车是自己的。①

加下划线的一部分，虽说在形式上也是动词性主谓句，但是并不属于典型的记述行为，因为其中"年轻力壮、腿脚灵利的""漂亮的车""整天儿""坐快车的主儿"都不是个体，叙事的动作"讲究赁漂亮的车……"等不是瞬间能完成的现实动作，所以，这个话语属于非典型的叙事语体，呼应该段的第一句话"北平的洋车夫有许多派"，在语篇中完成背景信息介绍功能（背景信息是相对于篇章中的前景信息而言的，后文将有论述）。

真正的叙事语体，一定有记述和描写，但尽量不要出现作者的判断和解释。完全用事实呈现，而不用主观评价。比如我们要塑造一个善良勇敢的小姑娘，千万别直接用"她是善良、勇敢的"等句子，不如记录或者创作一段关于她如何在寒冷的冬天把自己的外套送给露宿街头的流浪汉的故事，这样更有说服力。

三、叙事话语中的描写句

描写句，与记述句注重时间连续性特征不同，更注重对同一个空间场景中的静态事物的描述，或者说作者在表达这些信息的时候，事件时间是停止的。我们过去把描写分为场景描写、心理描写、动作描写、语言描写等，这种分类（我们对描写行为的范畴化）和记述行为有交叉之处，哪些话语是记述，哪些是描写，很难一刀两断。记述和描写二者可以看作梯度关系，像黑与白一样，呈现出一种光谱般的连续统。接下来将以《水浒传》中鲁提辖拳打镇关西中最血腥的"三拳"为例来加以说明，本文引用金圣叹的批注本，括号中的内容是金圣叹的批注：

[例6-4]①郑屠右手拿刀，左手便来要揪鲁达。【"要揪"妙，所谓螳臂当车。】②被这鲁提辖就势按住左手，赶将入去，望小腹上只一脚，腾地踢倒在当街上。③鲁达再入一步，踏住胸脯，提起那醋钵儿大小拳头，看着这郑屠道："洒家始投老种经略相公，做到关西五路廉访使，也不枉了叫做'镇关西'！【先叙自己一句，使之有珠玉在前之愧。】你是个卖肉的操刀屠户，【恐其居之不疑，便连自家亦已忘却，故明白正告之。】狗一般的人，【还他等级。】也叫做'镇关西'？【便似争此三字者，妙绝。不争此，亦只争此。】你如何强骗了金翠莲？"④"扑"的只一拳，正打在鼻子上，【第一拳在鼻子上。】打得鲜血迸流。⑤鼻子歪在半边，却便似开了个油酱铺：咸的、酸的、辣的，一发都滚出来。【鼻根味尘，真正奇文。】

⑥郑屠挣不起来，那把尖刀也丢在一边，【忽叙尖刀。】口里只叫："打得好！"【还硬。】⑦鲁达骂道："直娘贼！还敢应口！"【硬，再打。】提起拳头来，就眼眶际眉梢只一拳，【第二拳打在眼眶上。】打得眼棱缝裂，乌珠迸出，也似开了个彩帛铺的：

---

① 老舍.老舍文集［M］.北京：商务印书馆，2009：241.

红的、黑的、紫的，都绽将出来。【眼根色尘，真正奇文。】⑧两边看的人惧怕鲁提辖，谁敢向前来劝。【百忙中，偏要再夹一句。】⑨郑屠当不过，讨饶。⑩【已软。】鲁达喝道："咄！你是个破落户，若是和俺硬到底，洒家倒饶了你；你如今对俺讨饶，洒家偏不饶你！"【软又打。】⑪又只一拳，太阳上正着，【第三拳打在太阳上。】却似做了一个全堂水陆的道场：磬儿、钹儿、铙儿一齐响。【耳根声尘，真正奇文。○三段，一段奇似一段。】

⑫鲁达看时，只见郑屠挺在地上，口里只有出的气，没了入的气，动弹不得。⑬鲁提辖假意道：【鲁达亦有假意之日，写来偏妙。】"你这厮诈死，洒家再打！"只见面皮渐渐的变了。鲁达寻思道：【写粗人偏细，妙绝。】"俺只指望痛打这厮一顿，不想三拳真个打死了他。洒家须吃官司，又没人送饭，【大丈夫快活事，他日出家，亦亏此句也。】不如及早撒开。"⑭拔步便走，回头指着郑屠尸道："你诈死，洒家和你慢慢理会！"一头骂，一头大踏步去了。【鲁达亦有权诈之日，写来偏妙。】⑮街坊邻舍并郑屠的火家，谁敢向前来拦他？⑯鲁提辖回到下处，急急卷了些衣服盘缠、细软银两，但是旧衣粗重都弃了，提了一条齐眉短棒，奔出南门，一道烟走了。①

金圣叹真是一位语文名师，锦心绣口，夹枪带棒，给我们上了一堂精彩的示范课。里面有多少资源可供我们借鉴？篇章的重点在三拳，但也要注意最后一段对鲁达真人偶尔作假、粗人偏偏有细、直人偶为权诈的描写。在塑造人物时，作者要有意进行偏倚训练，表现一个正面人物，最好能安排一些负面信息给他，让人物是人而不是神。语文教学在练习叙事文章写作时，做偏倚训练，可以增进学生观察事物的能力，不至于完全受一边倒的判断或者推论的控制。

当然，我们分析这段话主要还是为了区别记述和描写。我们在前文提到记述句有5个特征：（1）动词是瞬间动作而不是持续的状态，（2）动作是人为的、有意愿的，（3）动作是现实的而非虚拟的，（4）施事对受事有很强的支配力，（5）施事者有很强的个体性。如果每个特征的分值是20分，则一个完整的记述句满分为100分。在其中有哪些句子能得100分，哪些句子只能得60分，哪些句子只能不得分？是否可以按照分值从0到100，排出全篇句子从描写到记述的连续梯度？

我们把［例6-4］按意思划分为16个意群。

①"郑屠右手拿刀，左手便来揪鲁达"，这个行为具有瞬间性、主动意愿性、现实性、有支配能力，郑屠有个体性，在记述特征上可以得100分，属于典型的记述行为。

②鲁达"望小腹上只一脚；腾地踢倒在当街上"也是100分，典型的记述行为。

③鲁达呵斥持续时间较长，第（1）项特征不得分，第（4）项不明确，得60分，只能算是一个合格的记述行为。

---

① 金圣叹.金圣叹批评本水浒传：下册［M］.长春：长春出版社，2014：33-34.

④鲁达拳打郑屠鼻子，得100分，是典型的记述行为。

⑤"鼻子歪在半边，却便似开了个油酱铺"，不是鼻子的意愿，现实中也没有开油酱铺，只说鼻子的状态，这句得分只有20分，属于典型的描写行为。

⑥郑屠撒刀，非瞬间行为，无意愿、无支配能力，看来只能得40分，是描写行为。

⑦鲁达打眼，打眼是个瞬间行为，但主要还是描写"眼根色尘"，得分20，是典型的描写行为。

⑧旁人惧怕，是非瞬间、无意愿、现实的行为，但对鲁达没有影响，属旁人非个体行为，得20分。

⑨郑屠讨饶，是非瞬间、主动意愿、现实的行为，但对鲁达无影响，属个体行为，得60分，是非典型记述行为。

⑩鲁达再呵斥，与③同为70分。

⑪鲁达打郑屠太阳穴，与他打郑屠鼻子、眼睛一样，得分20，是典型的描写行为。

⑫郑屠将死，不是瞬间完成的事件，主观意愿性不强，施事对受事的支配性也不强，但是在文本世界中是现实的，具有个体性，得40分。

⑬鲁达寻思，为非瞬间、非现实（心理活动）行为，无支配对象，有意愿、施事具有个体性，得40分。

⑭鲁达诈言，在瞬间性、意愿性、现实性、施事个体性上得80分，但支配性不强。

⑮街坊不拦，勉强得40分。

⑯鲁达出奔，依次写了一连串的瞬间动作，施事个体带着强烈的意愿、施事对各种事物有强支配性，得100分。

按照这个计算方法，①②④⑯句得满分，③⑨⑩⑭句得60分以上，⑥⑫⑬⑮句得40分，为非典型描写；⑤⑦⑧⑪句只能得20分，属于典型的描写。大家有没有注意到得分的平均分布。每个分数段都有四项，高分低分错落排列，这就是语言的节奏感，记述和描写穿插其间，是不是很完美的篇章？怪不得我们看起来舒缓有致，读起来扣人心弦，用金圣叹老师的话来说，"真是极忙者事，极闲者笔也"。在金圣叹的《读第五才子书法》中，他列出了69条读书方法，这些方法中可以看见一个优秀的学者、名师如何积累和梳理语言运用的方法，如何结合具体语境解读文本意义，有此功力和修为在，其评点各种才子书便精准到位，真可为当今语文教学的典范。

说到此处，叙事语篇中的记述和描写之分，也该清楚了吧！

写故事的时候，我们不能仅仅写两个面目模糊的人物在一个没有具体场景的地方对话，所以，很多小说、话剧文本中都少不了描写。

四、故事的信息结构

（一）叙事结构

中文专业的学生应该对叙事学有所了解，现代社会讲故事的能力很重要，各行各业都在说"要讲好故事"，这句话，不仅仅是"讲+好故事"，即讲正能量的故事，还应该"讲好+故事"，学会讲故事、善于讲故事，是中文专业生必学须具备的能力。

1969年茨维坦·托多洛夫（Tzvetan Todorov）第一次提出"叙事学"，几十年来，叙事学得到了迅速的发展，不再局限于文学理论学科内部，新闻叙事、电影叙事、教育叙事、叙事疗法等方兴未艾，甚至有一些学者开展监狱叙事，鼓励服刑人员写出自己的故事。美国学者贝兹·卓辛格（Baz Dresinger）开展了一个"从监狱到大学"的写作计划，她出版了《把他们关起来，然后呢？》的非虚构作品，记录了卢旺达、新加坡、挪威等多个国家监狱中的故事，向普通读者展示囚犯的世界，毕竟这些人都很有故事。这本书的题目很有意思，"把他们关起来"是我们必须面对的现实，"然后呢"是我们要继续深思的问题。其实，任何叙事作品都潜藏着这个语用意图，作家把现实或者历史，甚至是未来的可能性写出来，呈现在读者的面前，召唤读者自己思考。

叙事学的著作很多，推荐大家看罗钢的《叙事学导论》、热拉尔·热奈特（Gerard Genette）《叙事话语：新叙事话语》、杰拉德·普林斯的《叙事学辞典》等。

叙事就是对一个或一个以上真实或虚构事件的叙述。阿尔弗雷德·希区柯克（Alfred Hitchcock）说：伟大的故事就是活生生的人生，只是把庸庸碌碌的部分给删除了而已。我们在训练自己的叙事能力时，可以先试着讲好一个有冲突、有悬念的故事。以人物故事为例，这类故事很常见，其他以动物为主角的故事，也多以人的视角或者拟人的视角来讲述。很多创意写作教练提出一个人物驱动型故事的语义结构可以概括为下面这个公式

故事=渴望+障碍+行动+结局

大家试着用这个公式来分析《祝福》《伤逝》《警世通言·杜十娘怒沉百宝箱》等叙事篇章中的语义结构，主人公的渴望是什么？碰到了哪些障碍？他们采取了哪些行动？最终结局怎么样？

（二）前景信息和背景信息

篇章又可以被看作是一个信息流，前后章节的信息是有关联的，接下来介绍叙事语篇中的两种互相交织的信息——前景信息和背景信息。

功能语言学家认为，语言的核心功能就是将信息由言者/作者传递给听者/读者。那么每个句子可以被看作是一个信息流，一个句子的语序，是从容易处理的信息逐渐向难处理的信息推进。人们在表达的时候，总是倾向于先说容易处理的，然后再说难以处理的。所以我们一般不说：

我越看越喜欢这篇文章。

而倾向于说：

这篇文章，我越看越喜欢。

因为"这篇文章"这个定指成分，一般意味着交际双方都已经确定所指对象，已知的定指成分，是容易处理的，所以更适合放在句首做话题——即叙述的起点和言谈的对象。

一个句子的语序是按照信息增量原则来组合的，作者预设读者已知的信息是容易处理的，未知信息是较难处理的，比如下面这个句子按信息流动规则似乎不太容易被接受：

一座房子里走出来了两个年轻人。

为什么这个句子不太能接受呢？因为首尾"一座房子""两个年轻人"都是未知的信息，在语法形式上用"一座""两个"这样的数量结构，而不是"代词+量词结构"，两个名词词组都表示不定指成分，都是未知信息，但是一个句子（语调单位）中一般只能接纳一个新信息。

这时候我们可以把这个句子改为两个小句：

河对面有一座房子，一天夜里，房子里走出来了两个年轻人。

很多叙事文章，都是从一个存现句开始的。比如一些著名的童话，都是用这样开始讲故事的："从前有一个国王，他有一个女儿，……"

《金瓶梅》第一回"西门庆热结十兄弟　武二郎冷遇亲哥嫂"真正开始故事叙述（前面还有一段交代写作意图的话）是这样的：

话说大宋徽宗皇帝政和年间，山东东平府清河县中，有一个风流子弟，生得状貌魁梧，性情潇洒，饶有几贯家资。年纪二十六七。这人复姓西门，单讳一个庆字……[①]

这些叙事开始处的存现句，作用是引出叙事中的核心话题人物，让人物出场。《文学死了吗》一书则认为，文学叙事作品是一种指令行为，命令读者接受作者的邀请，进入作品所虚构的世界。

从容易处理的信息开始说起，然后逐步推进到难以处理的信息，这是我们处理信息的共同原则，我们要设计一份调查问卷，总是从最简单的单项选择开始，然后逐步推进到多项选择，再请大家填空或者具体说明想法或意图。

根据信息流动规则，叙事语篇中的信息有前景信息和背景信息之分。以戏剧演出为例子，主角的行为动作一般都在舞台的前面，是整台戏的主线；而背景就像舞台的布景，有些背景可以画在幕布上的，而有些则以一些群众演员在舞台上的动作呈现。比如《围城》开头的那一段文字：

那几个新派到安南或中国租界当警察的法国人，正围了那年轻善撒娇的尤太女

---

① 兰陵笑笑生.金瓶梅［M］.长春：吉林大学出版社，2011：11.

人在调情。①

这几个法国人，并不是文章的主角，只是给主要人物出场设置了一个背景。一般来说，叙事性越强的句子，在文章中越发偏向充当事件的主线。叙事性越弱的句子，愈发偏向充当事件的背景。如下例：

［例6-5］<u>中秋节</u>，将近正午的光景，在北平曾家旧宅的小花厅里，一切都还是静幽幽的，屋内悄无一人，只听见<u>靠右墙长条案上</u>一架方棱棱的古老苏钟迟缓低郁地迈着他"嘀塔嘀嗒"的衰弱的步子，<u>屋外</u>，<u>主人蓄养的白鸽</u>成群地在云霄里盘旋，时而随着秋风吹下一片冷冷的鸽哨响，异常嘹亮悦耳，这银笛一般的天上音乐使久羁在暗屋里的病人也不禁抬起头来望望：从后面大花厅一排明净的敞窗望过去，正有三两朵白云悠然浮过蔚蓝的天空。

<u>这间小花厅</u>是上房大客厅和前后院朝东的厢房交聚的所在，<u>屋内</u>一共有四个出入的门路。<u>屋右一门</u>通大奶奶的卧室，<u>门前</u>悬挂一张精细无比的翠绿纱帘，<u>屋左一门</u>通入姑奶奶——曾文彩，嫁与留过洋的江泰先生的——睡房，<u>门前</u>没有挂着什么。②

和［例6-4］所举记述句不同，［例6-5］是话剧《北京人》前面的布景交代（话剧每幕前的场景交代，属于典型的描写行为），其交际意图是描写场景，话题（出发点）都是处所词，如"屋内""屋外""这间小花厅""门前"等，和记述行为不同的是，由于没有时间连续性的制约，描写行为中的前后语序可以调换，如可以将［例6-5］转换为：

［例6-6］<u>中秋节</u>，将近正午的光景，在北平曾家旧宅的小花厅里，<u>屋外</u>，<u>主人蓄养的白鸽</u>成群地在云霄里盘旋，时而随着秋风吹下一片冷冷的鸽哨响，异常嘹亮悦耳，这银笛一般的天上音乐使久羁在暗屋里的病人也不禁抬起头来望望；<u>屋内悄无一人</u>，只听见<u>靠右墙长条案上</u>一架方棱棱的古老苏钟迟缓低郁地迈着他"嘀塔嘀嗒"的衰弱的步子，<u>一切都还是静幽幽的</u>……

这样的转换与［例6-5］不同，转换之后，语义基本不变，虽然描写语篇也有其内在的逻辑顺序，如［例6-5］是按照从屋内到屋外的由内而外的空间顺序来写的，［例6-6］则是由外而内的语序。下面［例6-7］的描写顺序则是从外到内，从整体到局部。

［例6-7］送给锦红家的这把伞尤其漂亮，绿色的绸布面上洒着红蘑菇，伞柄是有机玻璃的，里面还嵌着一朵玫瑰，看上去像是水晶嵌了红宝石。③

李临定在分析存在句的时候，指出，（存在句型）概况的语义是：在某处存在着某种物件（或某种人）。表示这种语义的句型，最适宜于描写场景，因为描写场景时总是把物件所处的位置作为说话的出发点（话题）。在这种句型中，名词性成分是比

---

① 钱钟书.钱钟书作品集［M］.北京：人民文学出版社，2012：1.
② 曹禺.北京人［M］.北京：十月文艺出版社，2018：1.
③ 苏童.伞［J］.收获，2001（1）：98-103.

较主要的成分，而动词性成分则是比较次要的。在这些句子中，动词有时可以省略，但是后段的名词语却无论如何也不能省去。这和叙事话语恰恰相反，一般动词句里的名词（比如动词后边的受事名词）往往可以省去，而谓语动词则很难省去。如：

　　[例6-8]桌前（　　　）两三把小沙发和一个矮几。（摆着、放着）

　　[例6-9]她右手里（　　　）一支烟蒂头，时而吹一下放在口边。（拿着）

　　[例6-8]、[例6-9]中，句子后面括号里的动词可以出现，也可以省略。在描写语篇中，很多动词都可以省略，形成了所谓的体词性谓语句。当然体词性谓语句也是很复杂的一个句型范畴，并不仅仅完成描写功能，还可以有其他的功能，比如"鲁迅绍兴人""今天星期一"等以处所和时间等名词性谓语句。而在真正的记述句中，动词一般是不能省略的，在[例6-4]中100分的记述句中的核心动词，是不能省略的。如"郑屠右手拿刀，左手便来要揪鲁达"，就不能省略成"郑屠右手刀，左手鲁达"。

　　描写句不注重事件时间的连续性，也不注重突出动作的施事，而是以突出场景为交际意图。描述句使用的多为有标记的句型，如名词性谓语句、形容词性谓语句、主谓谓语句；而记述句则多使用最常见的动词谓语句，但又要注意是并不是所有的动词谓语句都是完成叙事功能的句子，其中还得关注这类句子中的施事和受事的语义特征。

✏ 练习

1.下面这段话是记述还是描写？为什么？

海风里早含着燥热，胖人身体给风吹干了，蒙上一层汗结的盐霜，仿佛刚在巴勒斯坦的死海里洗过澡。毕竟是清晨，人的兴致还没给太阳晒萎，烘懒，说话做事都很起劲。那几个新派到安南或中国租界当警察的法国人，正围了那年轻善撒娇的尤太女人在调情。[①]

2.记述和描写在篇章中有什么不同的功能？请再详细阅读一篇中短篇小说，注意描写话语在文中的作用。

五、叙事时间与篇幅详略

我们从小就看到各种写作指导书，告诉我们要主题突出、详略适宜；听到语文老师告诉我们，要主题突出，详略得当。可是，究竟什么是主题？什么是详略？

主题就是我们在写作中最想完成的意图，有可能是为了推动读者去行动，比如倡议书或者建议类时评；也可能是为了建构自我形象，比如情书或自荐信；还可能是为了建构某种知识体系或者社会关系。主题就是作者希望通过文章来完成的心理意图。而详略则是为了完成作者的心理意图而对语言材料进行的剪裁，文章的详略

---

① 钱钟书.钱钟书作品集[M].北京：人民文学出版社，2012：1.

是由故事时间和文本时间二者的比例确定的。

叙事学有个术语叫"时距"。所谓时距，是指故事时间与叙事时间长短的比较。故事时间是某个事件在现实中的实际时间长度。是以秒、分、时、日、月、年为单位来计量的。叙事时间即篇幅的长度，是以行、页为单位来计算的。这样我们就可以大致测出文章段落的叙事速度（故事时间与叙事时间的关系）。先根据事件时间和篇幅之间的关系列出三种叙事节奏：

事件时间长，叙事篇幅长——等速叙事；

事件时间长，叙事篇幅短——快速叙事；

事件时间短，叙事篇幅长——慢速叙事。

等速叙事节奏和故事时间大致相当；快速叙事则是概要叙述，表现在文本中就是略写；慢速叙事则是详细表现事件的相关信息，有时还会加入很多作者的心理感受和联想。从信息详略的角度，大致可以分为四种情况：省略、概要、场景、停顿。

（一）省略

省略是指故事中某一段时间的内容没有出现在文本中。文本中的省略，大部分是与作者写作意图没有关联的内容，当然也可能是关云长"温酒斩华雄"那样难于从正面来表现主角神勇的场景，干脆就让读者去想象吧。

（二）概要

概要是指把故事压缩在较短的语言形式组合中，故事时间长，文本篇幅短。一般都出现在两个事件中间作为过渡，或者出现在评论类篇章、解释类篇章的引言部分。如：

日子很快的过去了，她的做工却毫没有懈，食物不论，力气是不惜的。人们都说鲁四老爷家里雇着了女工，实在比勤快的男人还勤快。到年底，扫尘，杀鸡，宰鹅，彻夜的煮福礼，全是一人担当，竟没有添短工，然而她反满足，口角渐渐的有了笑影，脸上也白胖了。[①]

（三）场景

场景就像现场直播，事件时间与叙事篇幅相当。场景的两个基本要素是动作和人物对话。场景是一篇叙事文章中最基本的组成部分，代表着叙事事件的主线，是一场戏的前景演出，而概要则像话剧演出时两幕戏之间的旁白。如［例6-4］引用的《水浒传》中"鲁提辖拳打镇关西"的段落，鲁达的动作和语言属于场景，郑屠的言语和行动就写得较简略，而那些旁观者更是面目模糊，就像影视剧中的匆匆过客，不会给他们特写镜头。

（四）停顿

停顿则是对事件背景、环境、人物心理的描写，叙事篇幅很长，故事时间停顿了，停顿一般都在故事发展的重要时间节点上，用来表现人物对该时间节点、空间

---

① 鲁迅.鲁迅全集：第二卷［M］.北京：人民文学出版社，2005：9.

环境的印象和感受。如《骆驼祥子》中虎妞努着肚子来找祥子那段：

"祥子！"她往近凑了凑："我有啦！"

"有了什么？"他一时蒙住了。

"这个！"她指了指肚子。"你打主意吧！"

楞头磕脑的，他"啊"了一声，忽然全明白了。<u>一万样他没想到过的事都奔了心中去，来得是这么多，这么急，这么乱，心中反猛的成了块空白，象电影片忽然断了那样。街上非常的清静，天上有些灰云遮住了月，地上时时有些小风，吹动着残枝枯叶，远处有几声尖锐的猫叫。祥子的心里由乱而空白，连这些声音也没听见；手托住腮下，呆呆的看着地，把地看得似乎要动；想不出什么，也不愿想什么；只觉得自己越来越小，可又不能完全缩入地中去，整个的生命似乎都立在这点难受上；别的，什么也没有！</u>他才觉出冷来，连嘴唇都微微的颤着。

"别紧自蹲着，说话呀！你起来！"她似乎也觉出冷来，愿意活动几步。[①]

在这段话中，前面有对话有动作，都是场景。中间加下划线的一大段则属于停顿，用来表现祥子知道虎妞"有啦"之后心理的"急""乱""空白"。停顿类话语中经常会出现"心中""觉得""似乎""仿佛""看上去"等词语。

以下对本章做一个小节。

本章第一节介绍了篇章的三大基本功能（元功能）。任何篇章总要实现一定的信息功能、人际功能，可能有的篇章注重传递信息，有的篇章注重调节人际距离、情感。而所有的篇章都必须使用一定的连缀成篇的手段，比如词语的重复，指称、指示词语的运用，各章节语义的衔接和递进等，这些手段是篇章的组织功能，篇章利用这些手段来帮助作者实现信息传递和人际交流。

第二节认为篇章是各种可以被识别的言语行为组成的序列，通过对篇章中的最小交际单位——言语行为的逐句标注，清晰展示篇章是由言语行为构成的，篇章中的各言语行为组合有一定的规则，这是结构主义的基本原则。语篇具有整体性、可分割性、内含规则性，分析篇章的构成成分需要了解各成分之间的组合规则，这是对基本的语言文字规律的运用，我们要在语言运用中积累和梳理语言运用方法，从培养语感提升到归纳规则，增强语理意识。

第三节对叙事语篇进行结构分析，因为叙事和论证两种类型的篇章是语文教学中最重要的篇章，本书借助叙事学基本理论，介绍了最小故事的语法公式：故事＝状态1+事件2+状态3，以及故事语法的联结、交替、嵌入等手段，着重分析了叙事语篇中的记述句和描写句的区别与特征，阐述叙事时间和篇幅详略之间的关系。

所有这些分析，都是希望把语用学和语文教学实践结合起来，为语文教学完成"语言建构与运用"这一课程核心任务提供理论支持和实践检验。语用学提倡在语言实际运用中建构语用主体的语言能力，而不是灌输语言知识和语言规范，以具体

---

① 老舍．老舍文集［M］．北京：商务印书馆，2009：296．

的语文篇目为语例，培养未来语文教师的语言积累和知识梳理意识，帮助读者习惯于从培养语感自觉提升到呈现语理，建构语言运用能力和思维能力。

练习

阅读老舍的《骆驼祥子》，分析文中的叙事时距，尤其注意在哪些地方有场景，哪些地方有停顿。

思考

1. 除了时距的问题，叙事学还很关注时间倒错的问题，如《伤逝》中涓生和子君的爱情故事，故事顺序应该是：两个人相遇相识—相爱—见家长—离家同居于会馆—迁居到吉兆胡同生活—涓生失业—子君回家—子君之死—涓生悔恨。

但是在鲁迅的小说中，不是按照这个顺序来叙述的。请大家梳理一下，鲁迅是怎么来安排叙述顺序的？为什么要这样安排？篇幅详略是怎么安排的？

2. 新闻语篇中有没有时间倒错问题？需不需要使用倒叙、插叙、预叙等叙事手段？分析高中课文《喜看稻菽千重浪》这一新闻文本的篇幅详略与叙事时间。

参考文献

曹禺. 北京人［M］. 北京：十月文艺出版社，2018.

戴维·克里斯特尔. 现代语言学词典［M］. 沈家煊，译. 北京：商务印书馆，2004.

恩斯特·卡西尔. 人论［M］. 甘阳，译. 上海：上海译文出版社，1985.

杰拉德·普林斯. 故事的语法［M］. 徐强，译. 北京：中国人民大学出版社，2016.

兰陵笑笑生. 金瓶梅［M］. 长春：吉林大学出版社，2011.

老舍. 老舍文集［M］. 北京：商务印书馆，2009.

李临定. 现代汉语句型［M］. 商务印书馆，2011.

刘勰. 文心雕龙译注［M］. 王运熙，周锋，撰. 上海：上海古籍出版社，1998.

罗钢. 叙事学导论［M］. 昆明：云南人民出版社，1994.

钱钟书. 钱钟书作品集［M］. 北京：人民文学出版社，2012.

乔纳森·波特、玛格丽特·韦斯雷尔. 话语和社会心理学：超越态度和行为［M］. 肖文明，等译. 北京：中国人民大学出版社，2006.

汝绪华，汪怀君. 国外政府道歉研究的兴起及评述［C］//上海市哲学社会科学规划办公室，上海社会科学院信息研究所. 国外社会科学前沿（2013年第17辑）. 上海：上海人民出版社，2014.

斯蒂芬·图尔敏. 论证的使用［M］. 谢小庆，王丽，译. 北京：北京语言大学出版社，2016.

苏童. 伞［J］. 收获，2001（1）：98-103.

第七章

语文教学与语言建构

夫神思方运，万涂竞萌。规矩虚位，刻镂无形。登山则情满于山，观海则意溢于海，我才之多少，将与风云而并驱矣。方其搦翰，气倍辞前，暨乎篇成，半折心始，何则？意翻空而易奇，言征实而难巧也。是以意授于思，言授于意，密则无际，疏则千里。或理在方寸而求之域表；或义在咫尺而思隔山河。是以秉心养术，无务苦虑；含章司契，不必劳情也。①

第一节 什么是语文教学的"学科语言"？

"学习强国"上一位名师在指导中学生进行散文语言赏析的时候，给出了这样一个答题模式：

本句（本段）采用了比喻（拟人……）的修辞手法，把××比作××（赋予××以人的情感），生动形象地写出了××××的特点（或情状等），从而表现了作者（或文中人物）××的情感（或思想等）。

然后上课老师请学生从修辞方法的角度对"淡红的、天蓝的、淡紫的牵牛花，像一只只彩色的小喇叭，挂在篱笆上，不时有蜜蜂在上下飞舞"这句话的表达效果进行赏析。老师给出的答案示例如下：

本句运用比喻的修辞手法，将牵牛花比作一只只彩色的小喇叭，生动形象地突出了牵牛花的颜色之多、形态之美的特点，表达了作者对牵牛花的喜爱和赞美。

任课教师又从词语的角度进行语言赏析教学，给出的提示是抓关键词（动词、形容词、叠词、拟声词等），答题模式是：

该句中"××××"一词（等词），如何（如生动形象/细腻简练地）写出了事物的特点，表达了作者××××情感或思想。

具体例子是朱自清《背影》[人教版《语文》（八年级上册）]中父亲攀火车站台的那一段：

他用两手攀着上面，两脚再向上缩；他肥胖的身子向左微倾，显出努力的样子，这时我看见他的背影，我的眼泪很快地流下来了。

---

① 刘勰.文心雕龙译注［M］.王运熙，周锋，撰.上海：上海古籍出版社，1998：244.

答案示例：

文中运用"攀""缩""微倾"三个动词，细腻而又简练地写出了父亲爬月台的整个过程，表现了父亲爬月台的艰难，从而表现了深沉的父爱。

视频中的名师从句式的角度赏析语言，总结出答题的常见句式有：

陈述句：语气平稳，不温不火；

疑问句：吸引读者，制造悬念；

设问句：提醒注意，引发思考；

反问句：加强语气，突出强调；

感叹句：感情充沛，抒情强烈；

排比句：加强语气，增强气势。

老师认为品味不同句式的表达效果，就能更好地赏析语言，体会并理解作者的情感态度。

以刘成章《安塞腰鼓》[人教版《语文》(八年级下册)]的排比句为例：

这腰鼓，使冰冷的空气立即变得燥热了，使恬静的阳光变得飞溅了，使困倦的世界变得立即亢奋了。

答案示例：

该句运用排比句式，加强语气，增强气势。用三组对比写出了安塞腰鼓壮阔、豪放、火热的特点，展示了生命的活力。表现出作者对安塞腰鼓的喜爱和赞美之情。

教师又以一个中考题目来做演练：

本文语言特色鲜明，富有表现力，试以下文为例，加以赏析。(3分)

花与树的缠绵，云与雾的交融，风与雨的相伴，泉与湖的交响，无处不是诗的流淌。云聚云散是诗，花谢花开是诗，草飞草长是诗，月圆月缺是诗。森林是诗的宠儿。

答案示例：

(1)选文运用比喻、拟人的修辞，生动形象地写出了森林中的各种自然事物和谐共处的特点，营造了一个充满诗意的自然环境，表现了作者对大自然的喜爱和赞美。

(2)选文运用排比的句式，加强语气、增强气势，用诗一般的语句铺排出各种自然事物在森林里的变化，表达出作者对森林的诗一般的独特感受。

(3)选文中的"缠绵""交融""相伴""交响"等词语，生动形象地写出了大自然中各种事物和谐共处的特点，营造出美的意境，表现了作者对大自然的喜爱和赞美之情。

这种教学真的很有效率，但是这真的是在教语文吗？这些针对考试的教学与语文课程标准中提倡的"语言建构与运用"有什么关系？教语文是在教答题技巧吗？

或许这是很多中学老师的无奈，那么多有情怀的老师，却只能在高考指挥棒下埋头研究答题套路。这些程序化的表达，似乎有不少语文老师都操练得心应手，比如"先抑后扬""语言凝练""形式优美""生动形象"，说到排比，我们就脱口而出"加强了语言的力量，把文章的感情推向高潮"；说到描写，就是"借景抒情"寓情于景""给作品带来浓厚的抒情气氛""增强了艺术感染力";说到叙事,就是"选取了一个独特的视角,用传神凝练的语言,塑造了一个个性鲜明的人物形象";说到语言风格就是"用词精妙传神""质朴精炼,非常符合人物的特征""一个'闹'字,境界全出""文字极少而容量极大"之类;相信上过中学语文课的人,对这些表达都是耳熟能详了,有些甚至让我们的耳朵都听出老茧了。这些是不是孔乙己嘴里的"满口之乎者也"呢?

王富仁在《中国文化的守夜人——鲁迅》中有一段鲁迅式的自我解剖,值得我们认真读一读:

在过去,我们把孔乙己作为一个受到科举制度毒害的知识分子,这当然是一种解码方式,但这样的人在我们的时代已经消失了。通过这种编码形式,我已经无法把孔乙己编织进我的感受中去,无法使他在我的情感世界中占据一席之地。但是,他的那种"满口之乎者也"的话语形式,我却仍然随时随地地都能够找到它的对应物。比如我在自己的这篇文章中使用的"叙事、叙事方式、换喻、隐喻、视角、第一人称、第三人称、倒叙、插叙"等词语,就是我们时代的一些"之乎者也"。对于它们,广大社会群众是"半懂不懂"的,它不具有权力话语的霸权性质,也不具有经济话语的实利性质,但又好像是很严肃的,在社会群众听来是十分可笑的。但我们却舍不得这些语言形式,舍弃了这些语言形式,我们这些知识分子就没有任何依靠了,就没有自己的特殊性了。孔乙己到底有没有知识呢?他知道"茴"字有四种写法,"茴"字是不是真的有四种写法呢?知道"茴"字有四种写法与不知道他有四种写法有什么区别吗?这恐怕只有孔乙己自己才能明白。别人自然不想听他的解释,不需要他的解释,当然也就无从知道。这正像我们说鲁迅小说有"社会学的研究方法""历史学的研究方法""心理学的研究方法",现在又有了什么"叙事学的研究方法"。但这只是我们自己搞出来的一些区别,对于根本不关心鲁迅小说的广大社会群众来说,鲁迅小说是不是有这四种或更多的研究方法,或者有了这四种研究方法与没有这四种研究方法有什么不同,都是毫无意义的。我们如要硬给别人说一套,别人是会感到异常可笑的。我们总是很宝贵我们的这些话语形式,没有了它们,就没有了我们的存在,没有了我们的存在价值,也没有了我们的自我意识的形式,而在别人的眼中,这是可笑的,我们越是宝贵它们,我们越是显得可笑。①

王富仁先生真是深得鲁迅先生的真传,勇于自我解剖,能对自己的话语表达形式做深刻的质疑,就是对自己的理念做深入的反思。作为一个语文老师,我们是不是也该对自己大喝一声:在语文教学中,我们是不是也这样满口"之乎者也"呢?学生需要不需要这些"之乎者也"?这些"之乎者也"能为学生的语文素养提供哪些帮助?如果学生只是为了在考试的时候有口无心地操练着这些"之乎者也",我们的语文教学是否也是在培养孔乙己这样的文化没落者呢?

---

① 王富仁.中国文化的守夜人——鲁迅[M].北京:人民文学出版社,2002:226-227.

第二节　从语感到语理：摆脱"之乎者也"

王宁提出：在语文学科的四大核心素养中，语言建构与运用是带动其他三项核心素养——思维发展与提升、审美鉴赏与创造、文化传承与理解——的第一要义。如果我们再审视一下这四个核心素养，其中的思维发展与提升，几乎是所有的课程的共同任务，数学、物理、化学、历史、政治等课程都在培养人们的思维能力；审美鉴赏与创造，是音乐、美术类课程的题中之意；文化传承与理解，历史、政治、社会等诸多课程都承担着这份重任。看来，语言建构与运用不仅是第一核心，偏激一点说，是语文学科的特有任务。《课程标准》中对语文课程性质的界定是：

语文课程是一门学习祖国语言文字运用的综合性、实践性课程。工具性与人文性的统一，是语文课程的基本特点。语文课程应引导学生在真实的语言运用情境中，通过自主的语言实践活动，积累言语经验，把握祖国语言文字的特点和运用规律，加深对祖国语言文字的理解与热爱，培养运用祖国语言文字的能力；同时，发展思辨能力，提升思维品质，培育社会主义核心价值观。培养高尚的审美情趣，积累丰厚的文化底蕴，理解文化多样性。

语文课注重引导学生积累和梳理语言经验，把握语言文字的特点和规律，这是针对学生要达到的水平而言的，作为语文老师，在语言文字的运用规律和系统知识方面，应该达到什么程度呢？我们还是要落实本书一再倡导的做法——从培养语感到提升语理，语文老师不仅要有系统的语言文学知识，还需要有高超地把知识转化为能力的素养。

李宇明先生在李节的《小大由之：语文教学访谈录》中对《课程标准》中"不宜刻意追求语文知识的系统和完整"这一说法，提出了自己看法：

看待这一问题要首先区分教和学。在教这个层面，教师应该有丰富的语文知识，以及将这些知识科学运用于教学的经验。过去，语文知识教育的名声不好，与许多语文教师没有融会贯通的语文知识有关，与没有在教学中科学处理语文知识有关。

在学这个层面，是要通过语文学习提高语文能力。知识并不代表能力，但是知识在能力的形成过程中肯定有作用。没有知识却有很高的能力，这是不可想象的。要研究知识和能力之间的转化关系。[①]

王宁在与李节的访谈中也强调：

语文教师的语言学修养一定要深厚，没有深厚的语言学修养，教学不可能丰富，更不可能有趣。修养大于能力，更大于知识。教师的语言学修养包括语言的理性把握、发掘语言现象的敏锐、用前人已经总结出的规律来生动地解释语言现象的能力，以及在教学中发现新的语言学课题并从事语言学研究的能力，还包括鉴赏语言和文

---

① 李节. 小大由之：语文教学访谈录［M］. 上海：华东师大出版社，2014：183.

学的品味。[1]

《课程标准》提出"不宜刻意追求语文知识的系统和完整"是对中学生而言的，语文教师千万不能只推崇语感，不注重语理，必须尽可能在语言学、文学、逻辑、哲学等方面不断建构自己的知识体系。语文教师想在语言知识方面建构体系，首先要对语言能力有一个更为清晰的认识。

语言能力针对不同的人有不同要求，王培光提出六种语言能力，其实应该理解为语言能力的六个层次：

（1）听说读写的能力；

（2）判断言语恰当不恰当的能力；

（3）指出言语的不恰当之处的能力；

（4）改正言语的不恰当之处的能力；

（5）以日常语言说出改正理由的能力，简称"普通说理"的能力；

（6）以语言学术语说出改正理由的能力，简称"以术语说理"的能力。

高中语文教学的任务是"引导学生在真实的语言运用情境中，通过自主的语言实践活动，积累言语经验，把握祖国语言文字的特点和运用规律，加深对祖国语言文字的理解与热爱，培养运用祖国语言文字的能力"，一个普通的高中生，应该能具备基本的听说读写能力，也要具备一定的判断能力、改正能力，甚至还应该具备一定的普通说理能力，但是不要求具备"以术语说理"的能力，因为这种能力必须是在系统学习过语言学知识之后，才可能具备的。但是一个优秀的语文教师，承担着培养中学生语言建构与运用能力的大任，应该在语言能力对自己有更高的要求。接下来以2019年高考语文（天津卷）中的一道考题的专家分析为例，来看看高中生的语感和语文老师的语理。试卷第20题是一道诗歌赏析题目：

下面这首诗曾获某杂志主办的征文大赛一等奖，请品读该诗，说明获奖理由。要求：不少于3点理由，100字左右。（6分）

你还在我身旁

戴　畅

瀑布的水逆流而上，
蒲公英种子从远方飘回，聚成伞的模样。
太阳从西边升起，落向东方。

子弹退回枪膛，
运动员回到起跑线上，
我交回录取通知书，忘了十年寒窗。

---

① 李节．小大由之：语文教学访谈录［M］．上海：华东师大出版社，2014：11．

厨房里飘来饭菜的香。

你把我的卷子签好名字，

关掉电视，帮我把书包背上。

你还在我身旁。

先来看学生的回答，天津市教育质量评估监测中心高考评价项目语文学科组的研究成果《语文学科"语言建构与运用"的表现与提升策略》中，有该题两个考生答案的截图（见图7-1、图7-2）：

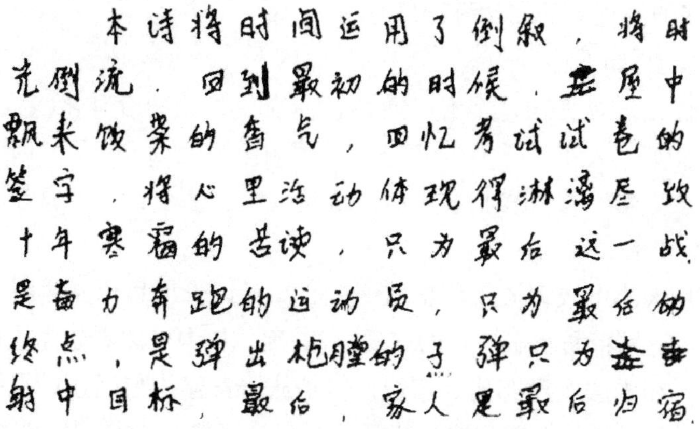

图7-1　学生回答1

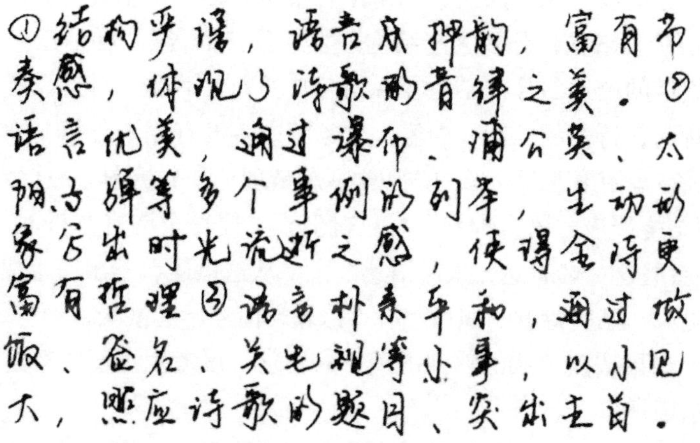

图7-2　学生回答2

张妍、王蕊、林峥等分析认为：

前者在语言建构方面语句混乱缺乏层次感和条理性，较少运用语文的学科语言，其能力显然需要进一步加强。后者在语言表现方面，分条陈述，层次清晰，从诗歌结构和语言的优美、朴素两个维度入手进行分析，而且诸如节奏感、音律美、照应题目、突出主旨等学科语言用法妥帖。①

为了进一步分析这两个考生的语言能力，我们把图7-1文字转写如下：

本诗将时间运用了倒叙，将时光倒流，回到最初的时候，屋中飘来饭菜的香气，回忆考试试卷的签字，将心里（理）活动体现得淋漓尽致。十年寒窗的苦读，只为最后这一战。是奋力奔跑的运动员，只为最后的终点，是弹出枪膛的子弹，只为射中目标，最后，家人是最后归宿。

作答文字中语法错误多，语义表达不清晰，标点符号使用不正确，可以看出作答者不具备基本的读写能力，这是语言能力的第一层次，缺少第一层次能力，更高层次的能力更无从谈起。虽然答案中也有"倒叙""将心理活动体现得淋漓尽致"等看起来像是"普通说理"的"学科语言"。

图7-2文字转写如下：

①结构严谨，语言押韵，富有节奏感，体现了诗歌的音律之美。②语言优美，通过瀑布、蒲公英、太阳、子弹等多个事例的列举，生动形象写出时光流逝之感，使得全诗更富有哲理。③语言朴素平和，通过做饭、签名、关电视等小事，以小见大，照应诗歌的题目，突出主旨。

这段文字是天津市教育质量评估监测中心高考评价项目语文学科专家比较认同的"语言建构与运用精通水平考生的表现"，的确，从中可以看出考生已经具备了较好的读写能力，在语法上没有什么错误，但是从语言建构与运用的目标来看，这能算是"精通水平"吗？我倒以为这只能算是一个熟练掌握所谓"学科语言"的考生，用的是语文老师们熟悉的"之乎者也"的套语；答题分为三点来赏析，符合答题要求，但是三点分析没有拉开层次，如果把答案也看作一个篇章，篇章是由话题组成的，从句首话题链来看，分别为"结构""语言""语言"，可见三点主要在分析语言，但话题之后的评述部分却不是在说明各自的句首话题，对自己所做的判断没有给出充分的理由，诗歌的意图、内容、意象等内容没有深入分析。细心的读者已经注意到了，我在运用第五章介绍的语用学话题链理论来分析图7-2这个篇章了。

图7-2"结构严谨，语言押韵""语言优美""使得全诗富有哲理""语言朴素平和""突出主旨"这一套表达，太"语感"了，从这里还看不出考生建构起来的"语理"，"以小见大，照应诗歌的题目"有点语理，但经不起推敲，哪些是"小"，见了什么"大"？如果按照"从语感到语理"的要求，该考生也还没有建构起较为理性的语言文字运用规律。

如果从语用学基本框架系统地思考这个高考题目，我们可以为学生提供多少种语理方法呢？让我们按照本书各章节提供的方法逐一尝试。

本书第二章介绍了符号学的三个交互面，按照语形—语义—语用层面来分析，首先从语形层面寻找这首诗的形式特征，四个小节，十句话，全诗都押江阳韵，用

---

① 张妍，王蕊，林峥，等.语文学科"语言建构与运用"的表现与提升策略[J].考试研究，2019（6）：48-55.

了四个"回"字，每句话的句法结构较为简单，都是主谓句。其次，从语义层面确认这首诗很多句子表达的语义都是非真值语义，瀑布不可能逆流，蒲公英不可能飘回，太阳不会从西边升起落向东方等；第一节"瀑布""蒲公英""太阳"属于自然物，第二节"子弹""运动员""我"属于人类世界，第三节"厨房""电视"属于家庭领域，诗中名词所指对象从广阔的大自然到人类社会，再到家庭环境，最后整个世界只剩下你在我身旁，语义结构逐层聚焦，很精妙。最后，从语用学层面，要考虑根据语境"我""你"人称指示对象，从"你把我的卷子签好名字"这句话中可知"你"是家长，"我"是大学生；全文都是虚构，可见"你还在我身旁"也是假的，作者创作这首歌的意图是怀念父母，虚构了一系列"逆""回"事件，回到原点，只剩下"你"；第二节"子弹""枪膛""运动员""起跑线"是否可以看作对中国高考常见的"战争隐喻""竞赛隐喻"的运用……

本书第三章介绍言语行为理论，这首诗看起来都是记述行为，前两节讲述的是现实生活中不可能出现的事件，用"瀑布逆流而上"邀请读者进入非同寻常的文本世界。后两节讲述的是曾经的日常生活，作者铺垫了前两节不可能的事件，只为了引出后两节曾经的日常生活，可见作者的意图是怀念曾经的日常生活，抒发对家长的怀念之情。

本书第四章重在阐述话语意义和合作原则，根据合作原则的该诗违背了合作原则中的质准则，说了很多自知为假的信息，虚构是为了传递思念之情；根据指称理论，文章中"瀑布""蒲公英""太阳""子弹"都是虚指，而"录取通知书""厨房飘来的香味""卷子"等名词是实指，存在于文本建构的世界中；根据人称指示理论，"我""你"的关系是可以根据语境确定的。

本书第五章内容是篇章话题链，从话题链角度来分析，本诗第一节大自然的"瀑布""蒲公英""太阳"，第二节的"子弹""运动员"，再到第三节"厨房""你"，可以看出诗歌虽然天马行空，跳跃性很强，但还是有一定的顺序可循，话题从大到小，逐渐聚焦在"你"上。

第六章从篇章功能角度，可以从诗歌的信息功能、人际功能、组织功能进行分析。从信息功能分析，诗歌讲述了一个虚构的事件，建构了一个奇异的文本世界，诗中的动词都有"逆向"运动特征，名词看起来不连贯，但"我"和"蒲公英种子""子弹""运动员"也可以构成隐喻关系，"录取通知书"因为"十年寒窗"的补充，我们可以确认是大学通知书，"帮我把书包背上"可以确定"这个孩子还小"等。从人际功能分析，本诗在语气情态方面都很客观，情感很克制，名词、动词都使用中性词，全诗没有任何表达主观情感的词语，用"我""你"来指别人物关系"孩子""家长"等。从组织功能分析，词语之间的跳跃性是诗歌的特点，全诗用"逆""回"动词来加强连贯性，押韵也是诗歌的篇章特点。

以上从语理角度所做的尝试分析相比图7-2的感性分析，是不是更深入透彻一些？我们应该可以利用语用学理论为学生提供一个可操作、可重复的理论路径。这些理论很难吗？会不会超出中学生的理解范围？语用学理论对一个中学语文老师来说，相信是可以接受的，语文老师如果能掌握较为系统的语用学知识，并能在语文教学中转化为教学方法，是不是可以为自己的语文教学增加一些语理支持呢？当然，我们不能直接向中学生讲语用学理论，但可以把这些理论转化成日常语言，而不是专业术语，因为语用学本来就属于"日常语言学派"，这种转化要比"形式语言学派"的理论相对更容易一些。王宁在李节《小大由之：语文教学访谈录》中提出：

> 语文课的教学不直接讲语言学，怎么培养语理？应该通过语言现象帮学生养成一种随时观察活生生的言语、从中捕捉规律的敏锐性，培养一种"语言具有规律性"的观念、一种寻求语言规律的意识，这对学习语言和文学，都是十分重要的。

不断地从言语作品中钩稽出富有规律性的语言现象，在现象的多次重复中发现规律，然后再去阐释规律，这和不通过现象就把赤裸裸的规律呈现出来，效果是截然不同的。前者培养一种随时观察活生生的言语，从中捕捉规律的敏锐性，培养一种"语言具有规律性"的观念，一种寻求语言规律的意识，后者则只能得到一些别人归纳好了的干巴巴的条文。前者把课文也就是言语作品和语言规律融为一体，后者把课文拆成零星语料变成例句，失去了那些积蕴在作品中的完整的思想和丰厚的感情。[①]

从语用学的各个角度入手，只要老师把握得当，不断积累和梳理语言材料，整理语言运用规律，就能帮助学生建构"语言具有规律性"的基本认识，并且能在日常语言实践中积极思考，也就能引导学生在语言文字运用的过程中发现问题，培养探究意识和发现问题的敏感性，探究解决问题和语言表达的创新路径，从而进一步发展《课程标准》语文学科核心素养之二"思维发展与提升"中提出的目标：

> 思维发展与提升是指学生在语文学习过程中，通过语言运用，获得直觉思维、形象思维、逻辑思维、辩证思维和创造性思维的发展，以及深刻性、敏捷性、灵活性、批判性和独创性等思维品质的提升。

思维发展是教育的主要目的，甚至比学习学科知识还要重要。《课程标准》明确提出深刻性、批判性、独创性等思维品质，很有现代性。但是很多人觉得强调批判性，有些偏激，但实际上，批判性不是愤青式的不满和躁动，反而是客观理性的思辨特质。

第三节　语文教学：从赏析到批判

《课程标准》12项课程目标中有两项提及批判性思维：

第5项：发展逻辑思维。能够辨识、分析、比较、归纳和概括基本的语言现象和文学现象，并能有理有据地表达自己的观点和阐述自己的发现；运用基本的语言规

---

① 李节.小大由之：语文教学访谈录［J］.上海：华东师大出版社，2014：12-13.

律和逻辑规则，判别语言运用的正误，准确、生动、有逻辑地表达自己的认识；运用批判性思维审视语言文字作品，探究和发现语言现象和文学现象，形成自己对语言和文学的认识。

第6项：提升思维品质。自觉分析和反思自己的语文实践活动经验，提高语言运用的能力，增强思维的深刻性、敏捷性、灵活性、批判性和独创性。

最近看了一些语文教学的名师实录，不停地看到老师们在训练学生领会文本或作者的情感，一遍一遍领读、导读、换角色读，哪怕是读一个节日名称，也要求学生读"清明节"的时候要哀婉，读"国庆节"时要自豪。但语文课不是培养话剧演员，不能过分强调抒情功能，培养现代公民的理性思维能力、清晰平和的说理能力、公允理性的批判精神、简洁清晰的叙事能力，比领会他人情感（这种情绪估计连作者都不一定能自我领会）更为重要吧？

在阅读人教版的语文教材和语文教师教学用书之后，我们产生了一个直观上的判断：传统的语文是一种以赏析经典名篇为主的教学模式。作为一个语言学专业的教师，在教材和教学用书、教学案例中，能够发现了大量的赏析型话语的表达形式，比如，"品味教材中的词语运用的巧妙，请大家来说说'摸''排''绿''闹'使用为何巧妙"？"课本上哪些句子描写得生动形象？""'像座富士山'这个比喻好在那里？当然是形象生动了。""'春雨图''春花图''春风图'结构安排是多么完美啊！""这篇文章的结构多么精妙啊，层层递进，首尾呼应"……

语文教学有没有可能从鉴赏转向批判？

批判型语文课堂的主要特征还需要有识之士深入研究，但就目前来看，是不是在课堂上老师们可以多一些这样的表达："嗯，这篇文章不错啊，是一篇有文体代表性的样本，具备了叙事或说理的典型特征，大家可以通过学习来扩大词汇量，学习表达方法，但是别以为这就是天下最好的文章，我们还可以思考一下：哪些地方可以改进？哪些句子不够简洁？哪些判断是站不住脚的？哪些推理是不严密的？哪个词表意不清？哪些观念已经过时？你不同意这个观点，能不能举一些反面的例子？"

要促使语文教学从赏析型转向批判型，在实际教学中还有很多工作要做，比如，教材要从传统的圣人文选转型为言语实践案例，以便师生有效开展语言建构与运用训练，语文教师要从教材的执行者转型为课程的开发者等。这些改进工作，必须从培养新型语文教师着手。我们从《普通高中语文课程标准》（2017年版）中看到了很多进步，相信在新课程标准的引导下，语文教学能跟上时代发展的脚步，高校中文师范专业也能凭借其历史悠久的学科研究，培养出更多的卓越的语文教师。也希望有越来越多的专业教师关注语文教育改革动态，在教学实践中运用多种语言学方法，培养出更多优秀的学生。

参考文献

李节. 小大由之：语文教学访谈录［J］. 上海：华东师大出版社，2014.

王富仁. 中国文化的守夜人——鲁迅［M］. 北京：人民文学出版社，2002.

王宁. 谈谈语言建构与运用［J］. 语文学习，2018（1）：9-12.

王宁. 语言学与语文教学［J］. 中国社会科学，2000（3）：169-178.

王培光. 语言运用能力与语言审析能力的分析与验证［M］. 中国语文，1996（6）：440-446.

张妍，王蕊，林峥，等. 语文学科"语言建构与运用"的表现与提升策略［J］. 考试研究，2019（6）：46-53.

后 记

2020年初春，蛰居在会稽山中整理这部书稿。生活平静，春节期间梅花开得特别好，但是情绪却不稳定，每天被裹挟在各种话语的洪流中，晨昏之际，总会自问："我们真可以诗意地栖居在语言建构的世界中"吗？

这个春天，各种媒体上形形色色的话语，带着每个说话人的感受，以叙事、描写、判断和推论等方式表达情感和观点，泥沙俱下。我们一家三口，有时候因为某段话语感动，充满对人世间的热望，有时因为某篇文章愤怒，有时因为某些消息哽咽。虽然我们身边没有一个新冠肺炎的感染者，但全家人都对当时的形势满怀忧患。

这时候，就会想起中国传统士大夫的那一声长叹——人生识字忧患始。在过去很长的一段时间中，人类社会只有精英士人才能阅读从遥远的地方送来的消息、从久远的古代流传下来的文献，这些遥远时空传来的话语，建构了士大夫的忧患意识。现在媒体发达，信息畅通，不识字者也可以知道很多远方的消息，是不是现代人的忧患要比开始得更早，忧患的程度也得更深更广呢？

我们对世界的认知是被话语建构起来的，语言是建构心理认知的积极媒介。本书关注的就是语用学与语言建构的问题，设想中的读者是语文老师和想成为语文老师的中文专业的同学，尝试结合现代语用学的基本理论，探讨语文教学中提升学习者的语言建构与运用能力的方法。教育部制定的《普通高中语文课程标准》（2017年版）提出语文学科的四大核心素养：语言建构与运用、思维发展与提升、审美鉴赏与创造、文化传承与理解。其中语言建构与运用是语文学科核心素养的基础，在语文课程中，学生的思维发展与提升、审美鉴赏与创造、文化传承与理解，都是以语言建构与运用为基础的，并在学生个体言语经验发展的过程中得以实现。语言既是一个社群为了实现有效沟通、文化传承、社会教化而形成的一套约定俗成的符号体系，又是一种已经内化进使用者头脑中的知识体系，那么，语文教学应该如何建构这两个体系，现代语言学能为语言建构与运用提供哪些理论资源呢？有不少语文教育研究者提出，语用学有望成为语文教学进一步发展的理论资源之一，所以我就有了进一步研究语用学与语文教学之间关系的想法。

从2016年开始，我给本科生开设"语言学与语文教育"选修课，和学生一起研读中学语文教材、教师教学参考用书、义务教育和普通高中的语文课程标准及相关专家的解读，收集语文名师的课堂实录，观看网络教学语文课程的视频，阅读语文教学方面的论著，在课堂教学中鼓励学生从语形、语义、语用三个层面解读课文，不少学生的课程论文表现出很强的批判性和创造性，给我诸多启发。每年整理、补充课程讲义的时候，都会从学生的课程论文中发现很多鲜活有趣的语言现象，本书就是在课程讲义的基础上修订而成的。

2018年以后，我们组织了一系列的高校教师和中学名师"同课异构"活动，高校教师从自己的专业研究角度对中学语文篇目做出批判性分析，中学名师则从教学实践中总结有效的施教途径，双方都觉得受益良多。2019年，这门课程获批为浙江省一流课程，我们和几位特级教师联合申报的"同课异构、协同发展——汉语言文学师范教育与语文名师工作坊合作模式的探索与实践"获批浙江省高等教育"十三五"教学改革项目，在课程和教改项目建设过程中，我们经常和语文名师、专业同行讨论切磋，教学相长，得益不少。

2020年春天，师友之间只能通过网络交流，在我和研究生的交流群中，多次讨论了本书的各章节内容，余天玲、屈小靖、高崧、王娇、任秋凡、周柯柯、徐玲等同学帮助我校对了各章书稿，指出了不少错误，提出了很多建议，谢谢诸位的帮助。

这个春天，我和妻、女住在山中，大部分时间都是各自忙各自的工作或学业，各自坐在自己的书桌前上网课、查资料、写论文，这种朝夕相处、共度时艰的体验很值得珍惜，感谢家人的支持和鼓励。

最后，要特别感谢本书的责任编辑曾熙老师，她认真细致地校对审阅了全书，提出了很多宝贵的意见，减少了书中的错误。

本人缺少中学语文教学实践经验，在语用学研究方面积累也不够，书中肯定还有不少错误，恳请读者批评指正。

李秀明

2020年6月